岭南

非物质文化遗产调研

关溪莹 著

暨南大学出版社
JINAN UNIVERSITY PRESS

中国·广州

图书在版编目（CIP）数据

岭南非物质文化遗产调研/关溪莹著 . —广州：暨南大学出版社，2022. 12
ISBN 978 - 7 - 5668 - 3552 - 9

I. ①岭…　Ⅱ. ①关…　Ⅲ. ①非物质文化遗产—研究—广东　Ⅳ. ①G127. 65

中国版本图书馆 CIP 数据核字（2022）第 234801 号

岭南非物质文化遗产调研
LINGNAN FEI WUZHI WENHUA YICHAN DIAOYAN
著　者：关溪莹

出 版 人：张晋升
策划编辑：潘雅琴
责任编辑：康　蕊
责任校对：刘舜怡　黄晓佳
责任印制：周一丹　郑玉婷

出版发行：暨南大学出版社（511443）
电　　话：总编室（8620）37332601
　　　　　营销部（8620）37332680　37332681　37332682　37332683
传　　真：（8620）37332660（办公室）　37332684（营销部）
网　　址：http：//www. jnupress. com
排　　版：广州市天河星辰文化发展部照排中心
印　　刷：广州市金骏彩色印务有限公司
开　　本：787mm×1092mm　1/16
印　　张：13. 5
字　　数：210 千
版　　次：2022 年 12 月第 1 版
印　　次：2022 年 12 月第 1 次
定　　价：59. 80 元

前　言

　　本书是华南农业大学农业文化教学与研究的成果之一。中国非物质文化遗产是我国传统文化的重要组成部分，是我国农业社会中以农民为主的社会中下层民众集体创作、自然传承的精神财富，21 世纪以来其作为中国文化精粹的重要代表在世界舞台上熠熠发光。2005 年我在华南农业大学开设了"中国民间文化概论"全校公选课，2007 年在中文系开设了"民间文学与民间文化"专业选修课。这两门课受到华农学子的热烈欢迎，两百余人的圆形阶梯教室里经常座无虚席，弥漫着农业院校大学生对农业文化的学习热情。

　　在领导和广大师生的鼓励下，2013 年，我们创立了华南农业大学乡村非物质文化遗产研究中心，将非物质文化遗产的教学与研究工作相融合。2014 年开设了"乡村非物质文化遗产调研"实践课，2016 年组建了人文与法学学院乡村非物质文化遗产研究团队，2017 年在华南农业大学继续教育学院开设"民俗学概论"成教课程，2018 年录制了"民间文化概论"自学考试网课，2019 年开设了"民间文化与乡村非遗"课程。多年来，华南农业大学形成了以乡村非物质文化遗产研究中心为核心，包括"民间文学与民间文化""民间文化与乡村非遗""乡村非物质文化遗产调研""民俗学概论"等课程的民间文化与农业非遗课程群，涵盖本科生、研究生、成教生、自考生，通过整合线下教学和网络教学资源，逐步凸显华南农业大学的农业文化教学、科研特色。

　　经过十余年建设，华南农业大学乡村非物质文化遗产教学与研究工作取得了显著成果。2019 年，"民间文化与乡村非遗"课程获得华南农业大学"大国三农"通识教育课程立项；2020 年，"乡村非物质文化遗产调研"实践课获得 2020 年华南农业大学一流社会实践课程立项；2021 年，"民间文学与民间文化"课程被认定为华南农业大学教师党支部课程思政精品示范课，我主讲的"民间文学与民间文化"课程还在华南农业大学首届课程思政教学大赛中获得二等奖；2022 年，由我主讲的以非遗调查为重要内容的"应用写作"课程被认定为广东省一流课程。我校学生获得非物质文化遗产相关的大学生创新创业项目 10 余项，完成本科生毕业论文近百篇，多名学生考取了香港中文大学、中山大学、华东师范大学、上海大学、广西民族大学、中南民族大学等院校民俗学、民间文学和非物质文化遗产方向的硕士研究生。

这十余年来，我们得到了学校领导和校内外专家的大力支持。国家非物质文化遗产保护工作专家委员会乌丙安教授，中山大学叶春生教授，北京师范大学萧放教授，中国海洋大学李扬教授，辽宁大学江帆教授、周福岩教授、吉国秀教授、隋丽教授，华东师范大学田兆元教授，华南农业大学倪根金教授，中山大学刘晓春教授、蒋明智教授，中国社会科学院施爱东教授，中国艺术研究院杨秀研究员，广州满族历史文化研究会关雪娟副会长、沈延林副会长，广州市民族宗教事务局民族处黄树楚调研员以及华南农业大学人文与法学学院杨乃良院长、高列过院长都对华南农业大学乡村非物质文化遗产教学与研究工作进行过指导，特此表示衷心感谢。感谢暨南大学出版社的潘雅琴和康蕊两位老师，在本书出版过程中给予我们指导和帮助。

本书的调查和写作得到了同学们的大力协助。有的同学根据自己对家乡民俗的了解向老师推荐了调研地点和调研主题，有的同学为老师充当向导和翻译，有的同学协助老师搜集资料，还有的同学给老师的作品提出诚恳的建议，所以这本书是师生共同的研究成果，在此向同学们表示诚挚的谢意。在田野调查过程中，我们表达了对岭南非物质文化遗产传承与发展的粗浅思考，寄寓了师生对国家三农问题的关注、对民间文化的感情，希望本书能充分展现出华南农业大学师生了解乡村、热爱乡村、服务乡村的精神风貌，进一步推动我校农业文化教学与研究工作蓬勃发展。

关溪莹

2022 年夏

目　录

第一编
民间节日

岭南传统民间节日与
湾区文化认同研究①

> 　　岭南传统民间节日蕴含了丰富的历史记忆、人文精神和民众情感，是建设人文湾区的宝贵财富。从古至今，岭南文化同出一脉、同根同源，我们试图以传统民间节日为切入点，挖掘建构人文湾区的文化资源，加强岭南民众的地域认同、族群认同和民族认同，推动岭南地域全面发展。

　　岭南位于中国最南部，地处我国南疆边陲，北枕南岭，南临南海，西连云贵，东接福建，以大庾岭、骑田岭、越城岭、萌渚岭、都庞岭（一说揭阳岭）为界与内陆相隔。岭南是一个历史概念，各朝代的行政建制不同，岭南建制的划分和称谓也有很大变化。学术界对岭南的领域划分有不同见解，有的将其狭义定义为广东的代名词（袁钟仁，1998），有的将其广义定义为包括广东省、海南省、香港特别行政区、澳门特别行政区和广西壮族自治区的大部分地区（李权时，1993）。岭南各地有悠久的文化渊源。共同的文化身份和历史记忆，使得彼此之间更易于形成积极的文化认同和精神凝聚。传统民间节日作为重要的民俗活动，具有深厚的文化内涵，是岭南民众共同的文化记忆，也是建构人文湾区重要的文化基础。从岭南各地共同的传统民间节日切入，比较节日习俗之异同，有利于我们探究通过传统民间节日建构地域认同、族群认同、国家认同的途径，为岭南地区和粤港澳大湾区（以下简称"湾区"）发展献计献策。

---

　　①　此文在林靖淇协助下进行调研，特此致谢。

一、概念界定

（一）传统民间节日

节日，是生活中值得纪念的特殊日子。当下我们生活中的节日，大致可分为以下三种类型：一是岁时节日，指与天时、物候的周期性转换相适应的、在人们的社会生活中约定俗成的、具有某种风俗活动内容的特定时日，如清明节、端午节、重阳节等（钟敬文，1998）。二是宗教性节日，即从宗教信仰衍生出来的重要日子，如佛教的地藏节、道教的天诞节（玉皇大帝生辰）、天主教的圣母受难日等。三是近现代一些重要历史事件的纪念日，如五一劳动节、三八妇女节、十一国庆节等。

本文所阐述的"传统民间节日"是指从古流传至今，具备深厚民众基础、稳定传承模式、特定风俗习惯的非官方节日，主要包括岁时性节日和承载各地风土人情的民俗节日。至于西方宗教节日及近现代衍生出来的重要纪念日和现代节日，暂不在本文的研究范围中。

（二）文化认同

文化认同是我国近年来的热门研究课题。弗洛伊德提出，认同指"个人与他人、群体或模仿人物在感情上、心理上的趋同的过程，个人通过投向他人的认同来创造出自我的身份认同"（陈国强，1990）。吉登斯认为认同"是个体依据个人的经历所反思性地理解到的自我"（安东尼·吉登斯，1998）。文化认同是人们对于文化的倾向性共识与认可，表征为人们使用共同的文化符号、秉承共同的文化理念、遵循共同的思维方式和行为规范、追求共同的文化理想（郑晓云，1992）。具体来说认同即用"祖先、宗教、语言、历史、价值、习俗和体制来界定自己"（塞缪尔·亨廷顿，2010）。文化认同是人们认可、接受、自觉实践某种文化，且将该文化的思想体系内化成自身本质力量的社会心理过程，表现为一种影响其文化理念、思维方式乃至行为规范的文化归属感。微观层面上，文化认同是对生活方式、价值内涵的认同；宏观层面上，文化认同是对民族和国家的认同。文化认同一经形成，便能够深入人的精神土壤，既可满足个体心灵上的慰藉需求，也可指导个体的思考与决策，具有较强的稳定性和指导性。

习近平总书记在中央民族工作会议上强调，文化认同是最深层次的认同。文化认同是民族团结之根、民族和睦之魂。本国人民对本土文化的强烈认同，不仅是该民族傲立于世界民族之林的强大精神力量，也是令该民族立足于不败之地的巨大精神动力。岭南各地文化同根同源、一脉相承，岭南文化认同是构建人文湾区的重要基础。

二、岭南节日概况

（一）广东地区

广东地处中国南部，是岭南文化的发源地。广东的节日包括政治性节日、传统民间节日和西方宗教节日（见图1）。

中国节日		
📖 元旦	1月1日	1月1日至3日放假，共3天。
📖 春节	2月12日	2月11日（除夕）至17日放假调休，共7天。【调休上班】2月7日（星期日）、2月20日（星期六）上班。
📖 清明节	4月4日	4月3日至5日放假调休，共3天。
📖 劳动节	5月1日	5月1日至5日放假调休，共5天。【调休上班】4月25日（星期日）、5月8日（星期六）上班。
📖 端午节	6月14日	6月12日至14日放假，共3天。
📖 中秋节	9月21日	9月19日至21日放假调休，共5天。【调休上班】9月18日（星期六）上班。
📖 国庆节	10月1日	10月1日至7日放假调休，共7天。【调休上班】9月26日（星期日）、10月9日（星期六）上班。

图1　中国（内地）2021年部分公共法定节日[①]

广东的节日中数量最多的是政治性节日和传统民间节日。政治性节日有三八妇女节、五一劳动节、五四青年节、六一儿童节、七一建党节、八一建军节、十一国庆节等，其中五一劳动节和十一国庆节是全民法定节

---

① 《国务院办公厅关于2021年部分节假日安排的通知》，中国政府网，http://www.gov.cn/zhengce/content/2020 – 11/25/content_5564127.htm。

日，分别有 3 天和 5 天假期，其他节日针对特定人群有半天或 1 天的假期；传统的岁时性节日包括春节、端午节、清明节和中秋节，其中，春节有 3 天法定假期，其他分别有 1 天法定假期。除此以外，广东民众也十分重视一些非法定假日的传统民间节日，如正月十五元宵节、七月十五中元节、九月初九重阳节、冬至等，甚至有"冬大过年"的说法。另外还有一些地域性的节日，如二月的南海神庙波罗诞、三月初三佛山北帝诞、七月初七珠三角乞巧节等。随着改革开放的深入，广东民众也在逐渐接受西方宗教节日，例如感恩节、复活节、圣诞节等。总体来说，广东地区的人们虽然也过西方的节日，但更注重中国的传统民间节日，其节日民俗也颇具岭南特色。

（二）香港地区

香港的民俗文化，是中华文化与世界各地文化荟萃而成的"一本多元"文化。香港的节日数量较多，公众法定节日有元旦、春节、耶稣受难节、清明节、复活节、劳动节、佛诞节、端午节、香港特别行政区成立纪念日、中秋节、国庆节、重阳节、圣诞节等。既有政治性节日，也有以宗教信仰为核心的中外节日。其中数量最多的是传统民间节日，有春节、清明节、佛诞节、端午节、中秋节和重阳节，约占全部公共节日的二分之一，另外在法定节日之外还流布着一些民间节日。可见虽然文化多元，传统民间节日在香港地区还是占据着最重要的地位（见图 2）。

总的来说，香港的节日发展呈现出"自然发生发展，主动适应更新"的特点（王学文，2013）。香港的传统民间节日及其民俗活动既有官方组织，如烟花盛典、国际龙舟节等，又有民间自发的仪式和活动，展现出丰富多彩的多元文化盛况。

香港　公众假期

元旦	1月1日	公历新年
春节	2月12日—15日	2021年农历正月初一是公历2月12日，放假3天（正月初一至初三）。由于2021年的正月初三为星期日，初四将被订为公众假期。
耶稣受难节	4月2日—3日	纪念耶稣被钉十字架而死。复活节前二天星期五为受难节。
清明节	4月4日 补假：6日	由于2021年的清明节为星期日，翌日将订为补假。但由于清明节翌日与复活节星期一重合，因而该日之后第一个工作日将订为补假。
复活节星期一(复活节翌日)	4月5日	纪念耶稣被钉十字架而死后复活的奇迹。复活节为每年春分之后第一次满月之后的第一个星期日。
劳动节	5月1日	国际劳动节、五一劳动节
佛诞节	5月19日	农历4月8日
端午节	6月14日	农历5月5日
香港特别行政区成立纪念日	7月1日	香港特别行政区于1997年7月1日成立。
中秋节翌日	9月22日	农历8月15日(中秋节)的翌日。
国庆日	10月1日	中华人民共和国开国典礼于1949年10月1日在北京举行。
重阳节	10月14日	农历9月9日，又称秋祭。
圣诞节	12月25日	Christmas Day
圣诞节后第一个平日	12月27日	Boxing Day / 节礼日

图 2　香港地区 2021 年公众假期①

（三）澳门地区

澳门每年的节庆活动数量比较多。与香港一样，澳门在经历了 400 多年的殖民统治后，逐渐形成了以中华文化为主体的"和而不同"的文化格局，反映在民间节日上便有"中西合璧"的特点，同时还有一些新生的本土节日。澳门的公共节日有元旦、农历除夕、春节、耶稣受难日、复活节前日、清明节、劳动节、佛诞节、端午节、中秋节、国庆节、重阳节、追思节、圣母无原罪瞻礼、澳门特别行政区成立纪念日、冬至、圣诞节和除夕（公历 12 月 31 日），其中传统民间节日有春节、清明节、佛诞节、端

---

① 《2021 年香港公众假期》，港邦网，www. goobnn. cn/news/regulation/7754。

午节、中秋节、重阳节和冬至，同样在公共节日中占据了较为重要的地位。值得一提的是，澳门民间信仰色彩浓郁，许多民间信仰节日虽不在公共假期内，如二月初二土地诞、三月初三北帝诞、三月妈祖诞等，也极受民众的重视（见图3）。

澳门　公众假期		
元旦	1月1日	庆祝公历新年的到来。
农历除夕	2月11日	下午/行政工作人员放假。
春节	2月12日—14日	补假：15日—16日 2021年农历正月初一是公历2月12日。
耶稣受难日、复活节前日	4月2日—3日	补假：5日 纪念耶稣被钉十字架而死。每年春分之后第一次满月之后的第一个星期日为复活节。复活节前二天星期五为耶稣受难日。
清明节	4月4日	补假：6日
劳动节	5月1日	补假：3日/国际劳动节、五一劳动节
佛诞节	5月19日	农历4月8日
端午节	6月14日	农历5月5日
中秋节翌日	9月22日	2021年的中秋节为9月21日。
中华人民共和国国庆日	10月1日—2日	补假：4日/中华人民共和国于1949年10月1日成立。
重阳节	10月14日	农历9月9日
诣思节	11月2日	又称诸灵节，为所有亡者祈祷的节日。
圣母无原罪瞻礼	12月8日	庆祝圣母玛利亚获得无原罪的恩赐。
澳门特别行政区成立纪念日	12月20日	澳门特别行政区于1999年12月20日成立。
冬至	12月21日	每年公历12月21日或22日。
圣诞节前日	12月24日	平安夜
圣诞节	12月25日	补假：27日/庆祝耶稣诞生。
除夕	12月31日	下午/行政工作人员放假。

图3　澳门地区2021年公众假期①

---

① 《二零二一年度公众假期、公共行政工作人员获豁免上班及补假日的日期表》，港邦网，www. goobnn. cn/news/regulation/7755。

总体而言，澳门的节日呈现出浓郁的民俗信仰色彩和中西合璧的特点。特区政府在民众的宗教信仰上持有尊重开放的态度，使得众多在内地少见的民间信仰节日得以完好地保留并传承下来，呈现出和而不同的节日盛况。

三、岭南传统民间节日的同质性

（一）同样的节日，共同的起源

岭南各地的法定节日中都有春节、清明节、端午节和中秋节四个中国传统节日，除法定节日之外都过二月初二土地诞、三月初三北帝诞、七月初七乞巧节、七月十五中元节、九月初九重阳节等民间节日。从历史起源上看，广州府始设于 1368 年（明洪武元年），辖 1 州 15 县；到了清代，广州府管辖 14 县，包括南海县、番禺县、顺德县、花县、东莞县、从化县、龙门县、新宁县、增城县、香山县、新会县、三水县、清远县、新安县（杨万秀、钟卓安，1996），范围包括今粤港澳大湾区大部分地区。这里经济发达、商贸繁荣、文教鼎盛，一直处于广东省的领先地位。所以湾区的传统民间节日同名同源，在不同程度上都受到了岭南文化的影响，代代沿袭至今。

（二）节日民俗类同

岭南各地传统民间节日的民俗有许多相同之处。在春节，各地都会举办花市，人们在过年前一定要到花市买上几棵年花年橘，谓之"行花街"；在清明节扫墓，拜祭先人；在端午节，无论是官方还是民间，都会举办龙舟竞赛，赛后还要"食龙船饭"；在中秋节，民众互赠团圆饼，祝福阖家团圆；在重阳节，民众会登高"辟邪"。土地诞、北帝诞、妈祖诞、乞巧节、中元节的习俗也大同小异，这些传统民间节日都充满了岭南特色。

（三）民众心理相通

岭南各地民间传统节日背后的民众心理有诸多相同之处。首先，各地的民俗文化都有重利与唯实的特征。岭南地区自古以来便是通商的口岸，因而各地民众在诸神信仰中最重视财神，有年初五"接财神"的说法。其次，各地民众都很讲究"意头"，节日习俗一定要蕴含吉利、好运气的预兆，吃穿用度都要和好意头搭上边。如年三十团圆饭的菜式必须要有鱼、生菜，寓意年年有余、和气生财。春节时，家家户户都要买年花年橘，寓意花开富贵、大吉大利。再次，与中原地区的民众相比，岭南地区民众对待外来文化有较强的包容心态，形成了岭南文化兼收并蓄的特质，他们更容易接受西方的节日，甚至将中西节日相融合，从而形成了岭南各地既过中国传统节日又过西方节日的热闹局面。

四、岭南传统民间节日的差异性

岭南的传统民间节日虽然存在着诸多相同之处，但仔细考察该地区的民俗习惯，我们也不难发现其传统民间节日无论是在保留程度、参与情况，还是在具体内容上，都有一定的差异。

（一）保留程度的差异

岭南各地传统民间节日在保留程度上有较大的差异。在城市化过程中，珠三角地区保留下来的主要是岁时性节日，如清明节、元宵节、冬至等，以民间信仰为核心的节日逐渐淡化。而港澳地区尤其是澳门地区，以民间信仰为核心的节日则保留得更为完好，如二月初二土地诞、四月初八浴佛节、六月十三鲁班师傅诞、七月十四盂兰盆节、九月二十八华光诞等节日，仍受到民众的重视，得到更广泛的传承。

（二）参与情况的差异

面对相同的传统节日，在民众的参与程度上，岭南各地也有不小的差异。以天后诞为例，天后又称妈祖、娘娘，是珠江三角洲渔民最尊敬的神明之一。香港天后庙繁多，祭拜仪式非常隆重。以打鼓岭天后诞辰的祭祀仪礼为例，整个祭祀仪式可持续五天，由向天后像献贡、花炮会、圣物竞投、神功戏、飘色等几部分组成。在澳门，妈祖信仰比较普遍，天后庙多处可见。澳门渔民主要在两个时间节点进行大型的妈祖祭拜仪式：一是正月初四，渔民们会在自家的船上举行祭神仪式；二是在农历三月二十三的妈祖诞，澳门民众会到天后庙参拜，祈求出海平安。而在深圳，特有的妈祖祭典——辞沙祭典一般于农历三月二十三开始持续三天，这是深圳市赤湾祭祀妈祖的特色民俗活动。在广州，天后诞的主要活动是番禺区潭山镇的飘色巡游，这仅是潭山地区的民众自发组织，其覆盖程度不及港澳。

（三）具体内容的差异

岭南各地虽有许多共同的传统民间节日，但节俗的具体内容有所差异。以重阳节为例，广州的活动主要是登莲花山、白云山，目的是登高赏菊，并买风车"转运"；重阳拜山是香港人持久的风俗，在重阳节前几日，香港市民就陆续开始扫墓，大多以一个或数个家庭为单位，带上丰富的祭品和香烛登山或者到墓园拜祭先人；澳门人有在重阳节登高、扫墓、吃重阳饼的习俗，在这一天很多人会携男带女登上螺丝山、松山、主教山等高处，一边饱览秋色，一边度过一个愉快的家庭日（彭顺生，2003）。又如三月初三北帝诞，澳门群众会到寺庙参拜，举行盛大的贺诞活动，包括一连几晚的神功戏及烧香酬神等，气氛颇为热闹。在广州地区会举行大型的飘色巡游，然而随着时代的发展，飘色巡游活动渐渐演变为单纯的民俗活动，节日本身已逐渐淡化。

五、岭南传统民间节日与湾区文化认同建构

通过比较可以看出，岭南各地传统民间节日的一致性大于差异性，可以节日为载体构建湾区文化认同。学界对文化认同赋予不同内涵，以下从地域认同、族群认同、国家认同三个维度，讨论如何利用传统民间节日建构湾区文化认同。

（一）传统民间节日与地域认同

地域认同是个人或团体与特定地域、地点的特殊关联性，这种关联性包括文化、价值、意义的认同。民间节日的传承常以地域为单位，人们通过节日传说、民俗活动和民间信仰等将节日代代相传，同时也不断巩固地域认同。湾区共有的传统民间节日富有岭南地域特点，可促进岭南各地形成文化认同。例如过春节时，各地都会举办花市。民众在过年前，一定要

到花市买上几盆年花年橘，寓意来年繁花似锦、大吉大利，谓之"行花街"。广州的每个区在农历腊月二十七都会开放花市吸引市民去游逛，香港维园花市和澳门塔石广场年宵晚会正说明了逛年宵花市是香港人、澳门人必不可少的春节习俗。另外民众在农历七月十五中元节时，都需要准备烧肉、新鲜水果来"奉神"。这些节俗都充满了岭南特色，为湾区所特有，周而复始的节日庆典在潜移默化中强化了民众对岭南地域的文化认同。

（二）传统民间节日与族群认同

族群认同是族群的身份确认，指成员对自己所属族群的认知和情感依附。在一个族群中，民间节日构成了族群整体性的纪念活动，族群的集体记忆也在节日中以讲述的方式传承。此外，节日中的仪式和风俗习惯构成了族群身份认同的基础。

广东有三大汉族民系——广府、客家和潮汕，其中广府族群主要生活在珠三角区域，他们的很多节俗大同小异。例如三月初三北帝诞，北帝又称真武帝君或玄武大帝，是道教中司水之神。广府族群居住在珠三角地区，依水谋生，北帝掌控水源，民众祭祀他是希望五谷丰收、渔获大顺。广州荔湾区泮塘的仁威庙是供奉北帝的道教庙宇，每逢农历三月初一至初三，村民举办庙会、游神等活动庆祝北帝诞；佛山多地也有北帝巡游的节俗；香港湾仔北帝庙原名玉虚宫，在 1863 年（清同治二年），由湾仔坊众集资建成，每逢农历三月初三北帝诞，善信均虔诚敬拜，演剧志庆，祈求合境平安；过去澳门氹仔岛上大部分是渔民，他们对掌管水源的北帝尤其崇拜，所以在当地修建了北帝庙，这里的居民每逢北帝诞都会在庙前举行盛大的贺诞活动，上演神功戏以及烧香酬神。因为都过北帝诞，岭南民众在共同的节日中获得了历史记忆、情感依附和族群认同。

（三）传统民间节日与国家认同

国家认同是一个国家的公民对自己归属哪个国家的认知以及对这个国家的构成，如政治、文化、族群等要素的评价和情感。岭南传统民间节日蕴含着深厚的民族文化底蕴。在岭南的节日系统中，四大传统节日都必不可少，春节、清明节、端午节、中秋节是在中国二十四个节气基础上，经过漫长岁月洗礼而形成的传统节日，是中国传统文化的重要组成部分。岭南各地都完整地保留了四大传统节日，彰显了各地民众的国家认同。岭南各地在过端午节时都有赛龙舟的习俗，传说端午赛龙舟起源于古越人，古越人以龙为图腾，又因岭南多水，因而把龙刻画在舟上比赛以祭祀先人。民众相信端午的龙舟竞渡可以驱除瘟疫，消除灾祸，预兆丰年。屈原投江殉国后，人们为了铭记其爱国主义精神，便将划龙舟、包粽子等民俗与纪念屈原结合在一起，为端午这个节日添上了更深层次的意义。年复一年的龙舟竞渡，传承了岭南民众的爱国情怀，建构了中华民族的国家认同。

总之，传统民间节日是中国先民历经千百年传承下来的、有着庄严仪式的集体纪念活动。在共时性上，民间节日是人民群众生活的一部分；在历时性上，民间节日记录了民众过去的生活，保留了悠久的民族历史记忆。传统民间节日表达了人们驱灾辟邪、敬天祈收的美好愿望，也体现出人与自然和谐共生的文化精神和中华民族强大的凝聚力。每一年周而复始的节日，不断加深民众的族群认同，增加民众的地域内聚力，强化民众对民族、对国家的认同感，世代相传、历久弥新，共同形成了中华民族强大的凝聚力和创造力。岭南民众寄托在传统节日中的情感是相同的，在节日中他们心心相连，互通情谊，拉近了心理距离，强化了彼此的认同。

六、传统民间节日建构湾区文化认同的建议

（一）加强政府引导，扩大节日影响

在建构湾区文化认同的过程中，岭南各地由于其行政管理、法律制度、文化管理体制不同，要形成文化认同，需要在政府主导下打破思想壁垒，打通文化交流的渠道，以更加积极包容的姿态在各自的文化差异背景下寻求共同话语，这是建构湾区文化认同的前提。同时，面对当下湾区各种节日混杂、传统民间节日式微的问题，政府应加大力度出台相关制度保护传统民间节日，引导群众重视民间节日，重拾传统民俗，营造一个文化认同的良好氛围，以增强民众对岭南文化、广府民俗乃至国家民族的认同感。

（二）优势互补，加强沟通

岭南各地传统民间节日的发展各有其特点：广东地区的传统民间节日的发展受到外来冲击相对较小、节日主体体量巨大，节日民俗保存得较完整。而港澳地区近代以来被西方列强侵占，更多地受到西方文化的影响，他们不仅过中国传统节日，西方宗教节日也过得比较多，甚至拥有自己本土混生的节日。港澳节日体系比广东地区更加庞杂多样，很多传统节日的习俗也是中西融合，别具特色。因此，在政府和民间组织的引导下，岭南各地要互通有无、加强交流，组织群众参与节日活动，宣传民俗知识，以增进湾区群众对传统民间节日及民俗的了解。

（三）运用新媒体和高科技，创新节日形式

进入 21 世纪以来，随着社会科学技术的进步、互联网技术的普及，为了唤醒群众对传统民间节日及习俗的重视，传统的民俗活动也要与时俱进、推陈出新，以新形式重现在我们的生活中。如春节时，岭南各地可以联合举办庙会活动，通过 VR 技术让湾区群众同时体验各地的庙会；压岁钱也可用电子红包来代替；视频聊天让各地的亲人足不出户庆团圆；采用"互联网＋传统"的模式，结合新媒体技术，开展多元化的年俗活动，如短视频创作比赛、抢红包等。用新媒体和高科技手段丰富传统民间节日的民俗内容，让群众在新颖的活动中感受传统文化的魅力，让充满历史积淀的民间节日在新的时代潮流中重焕生机。

（四）传统节日进校园，强化传统节日教育

岭南地区处于国家改革开放前沿，各地在政治、经济、文化、法律等的不同影响下，呈现出了多元文化样态。青少年视野开阔、思想活跃、知识更新快，同时港澳地区由于在长期的发展中受外来文化的影响，特别是年轻一代对于民族传统文化的认知相对薄弱，更要加强传统文化教育。学校及教育机构可以编撰传统节日科普读物，增设关于民间节日及相关民俗的课程，引导学生参与传统民间节日的民俗活动，并借助传统民间节日让学生了解到蕴含在节日背后的地域、族群、民族文化，引导学生多方位、多层次体验传统文化，以及所生活的城市文化、地域文化（傅小龙，

2020）。增强湾区青少年学生对祖国、对民族的认同感，帮助他们了解湾区、热爱湾区，未来投入湾区建设。

七、结语

丰富多彩的节日民俗，使得传统民间节日成为维系中国社会人际关系的重要纽带，岭南民众在年复一年的传统民间节日中得到精神洗礼和文化熏陶，增强了对彼此的认同。传统民间节日展现了中华民族的精神特质及岭南民众的独特风采，是构建人文湾区的重要文化资源。岭南各地的传统民间节日在保留程度、具体内容、参与情况等方面虽有不少差异，但其地缘相近、文脉相亲、文化同出一源，节日的一致性重于差异性。因此，在构建人文湾区的过程中，我们应着重研究岭南各地传统民间节日的共同之处，深入挖掘隐藏在其背后的人文精神和民众情感。各地民众可通过传统民间节日巩固地域认同、强化族群认同、增强国家认同，从而加深湾区广大民众的文化认同感，推动岭南的文化建设，为实现中华民族伟大复兴的中国梦添砖加瓦。

参考文献

［1］安东尼·吉登斯．现代性与自我认同［M］．赵旭东，方文，王铭铭，译．北京：生活·读书·新知三联书店，1998：58.

［2］陈国强．简明文化人类学词典［M］．杭州：浙江人民出版社，1990：126.

［3］傅小龙．人文湾区视域下高校参与地域文化建设的路径研究［J］．特区经济，2020（6）：48－50.

［4］蒋明智．岭南民俗与技艺［M］．广州：广东人民出版社，2019.

［5］蒋述卓，郑焕钊．广州在粤港澳大湾区文化建设中发挥引领作用对策研究［J］．城市观察，2020（3）：40－49.

［6］李权时．岭南文化［M］．广州：广东人民出版社，1993：4.

［7］刘晓春．番禺民俗［M］．广州：中山大学出版社，2017：185－222.

［8］彭顺生．穗港澳民俗文化旅游资源比较［J］．广州大学学报（社会科学版），2003（4）：50－55.

［9］塞缪尔·亨廷顿. 文明的冲突与世界秩序的重建［M］. 周琪，刘绯，张立平，等译. 北京：新华出版社，2010：171.

［10］王学文. 港澳台中国传统节日的传承与发展［J］. 文化遗产，2013（2）：24.

［11］杨奇. 香港概论［M］. 北京：中国社会科学出版社，1996.

［12］杨万秀，钟卓安. 广州简史［M］. 广州：广东人民出版社，1996：155－158.

［13］袁钟仁. 岭南文化［M］. 沈阳：辽宁教育出版社，1998：7.

［14］郑晓云. 文化认同与文化变迁［M］. 北京：中国社会科学出版社，1992：4.

从广州广府庙会看节庆民俗的创新与发展①

　　广府庙会是广州市越秀区创办的广府民俗文化活动品牌，它的成功创办为广州的节庆活动和传统庙会民俗注入了新鲜活力。广府庙会不断创新内容和形式，形成了"广府统领，兼容并蓄；传统风采，现代气息；政府搭台，民间唱戏"的特点，其实质是政府主导的北方"庙会"文化符号与广府文化糅合的产物。本文梳理了 2011—2016 年广府庙会的发展轨迹，概括分析其主要特点，以其成功创办为例探索传统节庆民俗如何创新与发展。

　　2011 年元宵节期间，广州市越秀区以广州城隍庙重修开放为契机，在北京路商圈举办了首届广府庙会。因广州本无具体意义上的庙会，广府庙会更是"凭空产生"，社会各界对其创办议论纷纷、褒贬不一。几年来，主办方对广府庙会不断完善发展、推陈出新，以"广府统领，兼容并蓄；传统风采，现代气息；政府搭台，民间唱戏"为最大特点的广府庙会逐渐成为深受百姓喜爱的广府民俗文化活动，其影响力不断扩大。本文通过查阅文献和田野调查，对广府庙会的创办、广府庙会与城隍庙的渊源、历届广府庙会的发展及其当下形态进行研究，概括广府庙会的特点，对其未来发展提出建议，并以广府庙会的成功创办为例探索传统节庆民俗的创新与发展。

---

　　①　特别感谢刘玉婷在本文写作过程中给予的大力协助。

一、概念界定与文献述评

(一) 概念界定

1. 广府

"广府"一词与历代岭南地域的行政区划名称有关。广州建城始于秦统一岭南设南海郡任嚣建城之时,即公元前214年。至公元前204年,赵佗建南越国,把任嚣城扩大,史称"赵佗城"。随着朝代的更替,广州的名称和管辖区域不断变化。"隋统一全国后,推行州、县二级地方政制,以州统县⋯⋯今广东境内共置16个州,广州为其中之一⋯⋯唐延隋制,在边境及襟带之地置总管府,以统军戎。广州仍设总管府,不久改为都督府"(杨万秀、钟卓安,1996)。"武德至贞观年间,广州先后设总管府、大都督府、中都督府,广州人被称为'广府人'最早始于此时"(龚伯洪,1999)。"广州府"的设置则从明代开始,清代仍沿用。辛亥革命后,广州的行政区域建置仍不断变化,如今"广州"特指"广州市",非历史意义上的"广州",但"广府"指代的区域不仅限于广州市,而是广府民系分布的地区。广义上的广府民系通常指使用粤语方言地区的汉族族群,如今的广府人遍布大江南北。李时权主编的《岭南文化》一书中划出的广府民系地区"大致包括广东东南部珠江三角洲一带(含今香港、澳门),整个粤中和粤西、粤西南部、湛江地区和广西南部地区"(李时权,1993)。

广府人最早的祖先是秦始皇派遣的平服南越后留守的50万秦军,其后,秦始皇又遣送万名妇女给秦军做配偶,加之流放的犯人以及战乱迁移到岭南地区的人民,世代发展组成了广府民系。在广府人长期聚居生产生活的地方,自然繁衍出独具特色的广府文化。广府文化属于岭南文化中汉族三大民系文化之一,是一种移民文化、兼容文化、开放文化,其主要特征是开放、务实、善变,其主要表现为粤语方言、骑楼建筑、粤剧戏剧、岭南画派、广东音乐曲艺,还有一些特色民俗等(陈泽泓,2008)。

2. 庙会

庙会由来已久,随着社会发展,其形式和功能不断变化,《现代汉语词典》中对庙会的解释是："设在寺庙里边或附近的集市，在节日或规定的日子举行"（中国社会科学院语言研究所词典编辑室，2005）。段宝林先生概括庙会为"一种综合性的民俗，关系到宗教信仰、商业民俗、文化娱乐等诸多方面"（段宝林，2010）。高有鹏先生认为一般而言庙会指围绕庙宇所发生的群体性信仰活动，在远古时代宗庙社稷都可称为庙会的场所（高有鹏，2008）。《北平庙会调查报告》概括出四种庙会的含义，一是每逢祭日，庙宇主持人开庙，让信仰佛道之人民，进香火敬神；二是在阳春佳日，士女大会于一定规模的寺庙，借佛游春；三是在庙宇中设定期市集，交易百物；四是沿用庙会之称谓，但实已脱离庙宇之范围的市集（李文海，2004）。赵世瑜先生不仅把庙会称为香会或庙市，更是把庙会的范围扩大到因特定的庙、特定的神、从事交易的内容而称某某会，或有特定的历史原因而称庙会，有的地方并无庙而称庙会等（赵世瑜，1992）。

综上，可以这样界定庙会：庙会是一种综合性的民俗，以庙宇为依托，在特定日期举行酬神、娱神、求神、娱乐、游冶、集市等民俗活动，关系到宗教信仰、商业民俗、文化娱乐等诸多方面，庙会产生与我国远古时代的宗庙社稷制度和宗教信仰有密切联系。随着经济的发展，现代的新型庙会商业娱乐功能大于祭祀娱神功能。

3. 广府庙会

广州本无具体意义上的庙会，在广府地区类似"庙会"形式的活动一般称作"神诞"或"诞"，例如广州南海神庙波罗诞、佛山北帝诞以及肇庆悦城龙母诞。"'广府庙会'以广州城隍庙重修开放为契机，但其不同于北方的'庙会'，也不同于南方的'诞'，是广府文化记忆与北方'庙会'文化符号杂糅的产物"（刘博、朱竑，2014）。

本文所说的"广府庙会"特指由中共广州市越秀区委、越秀区人民政府主办的以"广府庙会，幸福相约"为主题，从农历正月十五起至正月二十一止为期七天，以广州城隍庙为始发点，以北京路文化核心区为中心并向周边区域辐射，集吃、喝、玩、乐、游、购、娱于一体的广府文化嘉年华活动。自首届广府庙会于 2011 年元宵节成功举办后，此后每年它作为广州市越秀区重点打造的极具影响力的广府民俗文化活动品牌不断延续。广府庙会包含了祈福文化、民俗文化、美食文化、商贸文化、休闲文化等丰富的内容，在推广广府文化，传承优秀民俗等方面起着重要作用，每年吸引数百万人流参与，深受广大人民群众的喜爱。

（二）前人研究成果述评

1. 庙会研究

庙会在中国历史悠久，庙会研究最早可以追溯到唐宋甚至魏晋南北朝时期，如晋代周处《风土记》，清代谈迁《北游录》、潘荣陛《帝京岁时纪胜》等对古代庙会都有记载。赵世瑜所著《狂欢与日常：明清以来的庙会与民间社会》中提到"中国传统的、功能比较齐全的庙会，就目前资料来看，大致起于隋唐时期"（赵世瑜，2002）。高有鹏在《庙会与中国文化》一书中认为"庙会的形成与我国远古时代的宗庙社稷制度分不开，其实质在于民间信仰"（高有鹏，2008）。

庙会研究成果可以概括为以下四个方面：

一是对庙会的内容和形态的考察。如赵世瑜在《明清时期华北庙会研究》一文中就明清时期华北地区（今京、津、冀、豫、晋等）庙会的情形做了初步考察（赵世瑜，1992）；在《狂欢与日常：明清以来的庙会与民间社会》一书中对明清以来的庙会与民间社会作出了详细解说（赵世瑜，2002）。高有鹏在《庙会与中国文化》一书中对中国庙会群的基本分布做了详细分类，对西华女娲城庙会、淮阳太昊伏羲陵庙会、中岳庙会，山东泰山东岳庙会以及北京妙峰山庙会等众多典型庙会进行了考察（高有鹏，2008）。

二是对不同地域的庙会进行比较研究。如赵世瑜在《明清时期江南庙会与华北庙会的几点比较》一文中以庙会这样一个宗教、经济、文化的综合性区域中心地为例，探索华北与江南历史文化现象的地区性差异（赵世瑜，1995）。卜建东的《中国庙会与国外狂欢节的对比研究》通过对汉族传统庙会与欧美民族的狂欢节进行多角度、多层次的比较，为未来传统庙会在现代化背景下的生存条件和转型方向提供了借鉴（卜建东，2007）。

三是研究改革开放以来转型时期庙会的变化。如曹荣、詹环蓉的《第十二届妙峰山传统春季庙会调查报告：旅游重塑下的妙峰山庙会》，调查在旅游开发背景下妙峰山庙会的活动场所以及时间的重新建构（曹荣、詹环蓉，2007）。王建光的《张力与裂变：地方性视野中的庙会文化及其转型》，研究在现代性的文化力量以及神圣与世俗的张力作用下，庙会的文化发生的现代性裂变（王建光，2011）。张祝平的《论乡村传统庙会的现代性重塑：以国家级非遗浙南张山寨庙会为例》，分析其地方性传统信仰民俗，探讨乡村传统庙会文化功能的现代性裂变及其走向（张祝平，2013）。

四是研究"非遗"背景下庙会的发展新貌。如李华伟的《非物质文化遗产对妙峰山庙会之影响：以妙峰山庙会申报非遗前后的活动为中心》，探讨非遗申报及非遗称号的获得对妙峰山庙会活动和香会组织的影响，并反思民间信仰的名与实之间的关系（李华伟，2014）。赵德利在《民间庙会的"非遗"保护与开发规范》，就如何认识、保护和规范开发具有重要的非物质文化遗产价值的民间庙会这一论题作了探讨（赵德利，2010）。

2. 广府庙会研究

广府庙会历史尚浅，对其进行的研究多停留在新闻报道和活动介绍层面上，深入探索总结广府庙会的创新与发展的论文主要有：《由广府庙会案例管窥地方性研究议题》从城市民俗节庆和地方性的角度，探讨广府庙会如何得到地方性的认同（刘博、朱竑，2013）；《新创民俗节庆与地方认同建构：以广府庙会为例》从政府主导、媒体评论、市民意见等方面论述广府庙会地方认同的构建（刘博、朱竑，2014）；《新创民俗节庆对地方认同的影响研究：基于广府庙会的结构方程模型分析》以广州市新创民俗节庆广府庙会为例，设计了新创民俗节庆背景下的结构方程概念模型，并通过实证调查检验，研究新创民俗节庆对地方认同的影响（刘博、朱竑，2015）；《节庆民俗视野下探究广府庙会形成发展与创新》通过比较民俗节庆、庙会的产生特点及相互关系，分析民俗节庆和广府民俗文化关系（杜珉，2015）；《"广府庙会"的现状及存在的问题》总结前五届广府庙会的内容和举办情况，分析了广府庙会的特点和存在的问题（洪文静等，2015）。

二、广府庙会的形成

一般而言，庙会以庙宇为依托，围绕其发生群体性信仰活动。广府庙会的创办以广州城隍庙重修开放和大佛寺扩建为契机，举办地点以广州城隍庙为始发点，以北京路文化核心区为中心并向周边区域辐射。

广府庙会最重要的场馆——广州城隍庙坐落在中山四路忠佑大街，据《羊城古钞》记载，"在藩司东，明洪武三年诏封天下省府、州县城隍之神，前用木主塑神像，守、令新任斋宿于此致祭"（仇巨川，1993）。这是明清时期岭南地区最大、最雄伟的城隍庙，曾是清代"羊城八景"之一。"明清以来，广州都城隍庙不仅每逢农历正月十五元宵节、城隍寿诞、清明节、农历七月十五中元节、十月十五下元节这些大日子，官府衙门要循例举行官方祭祀，一并举办的民间庙会使得香客云集，热闹非凡"（吴智文、曾俊良、黄银安，2013）。但是在后来的发展过程中，广州城隍庙呈衰落趋势并数次被摧残，1920 年拆庙建街后，仅余大殿与拜亭。1993 年广州城隍庙被列为广州市级文物保护单位；2009 年越秀区开始重新修缮城隍庙；2010 年 10 月 30 日起广州城隍庙正式对市民免费开放，并恢复烧香拜祭等传统民俗活动。广州城隍庙的重新开放受到各界的关注，"城隍庙是一个城市精神家园的象征。这里应成为闹市中的一方圣土"（李培，2010）。社会各界都希望通过城隍信仰，弘扬城隍神善良、正直、惩恶扬善、扶持正义的精神。

在 2011 年元宵节期间，即农历正月十五（2 月 17 日）至正月二十一（2 月 23 日），广州市越秀区借广州城隍庙重修开放为契机，创办了广府庙会。广府庙会是一个反映和承载了广府文化客观、主观、社会性、民俗性、传承性等各种多元因素的综合体，它的创办和举行符合了以"庙会"为名的客观条件，符合庙会的定义；满足了政府对公共文化服务的建设、保护、继承和发展需要；满足了广州民众对传统民俗节庆精神和物质的追求、放松和调节；在宗教仪式上恢复了城隍爷出巡为百姓祈福，重振了广州城隍庙的威望（杜珉，2015）。尽管广府庙会是一个新创办的民俗节庆活动，但其有深厚的历史文化底蕴作支撑。越秀区抓住广州市建设"世界文化名城"的契机，整合文化资源，旨在通过庙会的方式打造独特的广府民俗文化特色活动品牌，丰富和活跃群众文化生活，增强广府文化的凝聚力和影响力。

三、广府庙会的发展历程

（一）首届广府庙会概况

由中共广州市越秀区委、越秀区人民政府主导的首届"广府庙会"于2011年2月17日即元宵节上午在城隍庙忠佑广场拉开帷幕。以"广府庙会，幸福相约"为主题，以城隍庙、府学西街、北京路、惠福东路美食街、五仙观、大佛寺为6大景点，分展示、展演、展销三部分，涵盖木偶荟萃、民俗文化巡游、京剧粤剧专场演出、中华绝活、管乐专场演出、武林大会、元宵灯会、广府文化展览、广府民间工艺精品展、盛世禅韵、新春灯谜会等十多个主题活动，包含了祈福文化、民俗文化、美食文化、商贸休闲文化等丰富的内容。十几个专业、民间艺术团体热情展演，数百家企业踊跃参与，一连七天带给人们精彩纷呈的文化盛宴，在越秀区北京路文化商贸旅游区形成热闹祥和的节庆气氛，吸引了350多万名国内外市民游客热情参与。

为保证广府庙会顺利进行，开幕之前，当地政府在北京路文化商贸旅游区及其附近实行部分交通管制；在庙会期间不允许沿街乞讨人员进行乞讨和流动小贩兜售商品；为增强市民群众的参与热情，越秀区文化馆还提前发布了首届广府庙会摄影抓拍大赛征稿启事，并在多方平台发布活动信息；为增加活动的宣传力度，本次活动邀请到广州电视台 G4 出动栏目组参加，其后，更多电视台和报纸杂志等进行了报道（见图4）。

首届广府庙会自2011年2月17号启动以来人气爆棚，节目备受青睐。每天都有专场民俗文化民间艺术展演、非物质文化遗产手工艺品制作展示、传统小商品特色美食展销等活动。在城隍庙忠佑广场每天都有不同主题的表演，木偶荟萃、京剧粤剧、中华绝学、广东武术等均登上舞台；在五仙观内举行元宵灯会活动，活动首次引入8种共计过百盏广府传统工艺彩灯，还集中展示了具有岭南特色的客家、潮汕地区的花灯；在六榕寺举办新春灯谜会灯谜活动；在大佛寺举办传统文化专题讲座、佛教书画展、文艺联欢会、新春雅集古琴交流会等活动；在中山四路、五仙观广场等地设置民俗工艺展示区、地方风味美食及精品展区 3 个特色展区共 123 个展

图 4 首届广府庙会启动仪式①

位。整个庙会最具吸引力的莫过于 2 月 19 号举行的民俗文化巡游，包括醒狮队、城隍队、岭南英歌队、广府华彩队、腰鼓队、扇子队、舞龙队共七支演出方队和一支由各界群众、少数民族代表及外国友人组成的近 200 人的游行方队组成巡游。在福、寿、禄、八仙、财神爷等"诸路神仙"引导下，缩小版的城隍爷神像更是首次被请出庙外，加入巡游队伍中，在文德路、文明路、中山四路、北京路一带吸引了大批民众前来观看祈福。2 月 23 号下午，首届"广府庙会"闭幕式在五仙观举行。主办方总结首届"广府庙会"主要特色有：①民俗巡游显特色。本次庙会举行民俗文化巡游，为羊城祈福。巡游展示项目包括舞狮、岭南英歌、广府华彩、腰鼓、舞龙等。同时，每天有专场民俗文化表演和非物质文化遗产手工艺品制作展示。②元宵灯会耀广府。五仙观分会场举办首届"广府庙会"元宵灯会，集中展示具有岭南特色的广府、客家、潮汕地区花灯。③手信飘香宜街坊。庙会期间，中山四路、府学西街等处设立"手信一条街"，为群众提供广州本地特色的老字号特产以及省内各地的土特产。

（二）历届广府庙会的发展与完善

在首届广府庙会取得圆满成功的基础上，广州市越秀区在此后每年正

---

① 图片来源于网络：https://www.poco.cn/works/detail_id2516945。

月十五元宵节都会举办以"广府庙会，幸福相约"为主题的大型广府庙会，到 2016 年已经举办了六届。每年的广府庙会都致力突出广府元素的收集和展示，听取社会各界的意见，节目安排更加丰富、内容更加细化、形式更加多样，并且增添了不少互动性与趣味性活动。

首届广府庙会以一种新的民俗节庆形式出现在人们面前，弥补了元宵节广州市民没去处的遗憾。首届广府庙会举办后，好评如潮，但也有不少批评的声音，其中被认为最大的不足是"广府味"不浓，外来元素居多。为此第二届广府庙会更加注重广府民俗文化的收集和展示。例如针对首届庙会美食被指"广味"不足的问题，2012 年在府学西街设立"广府美食一条街"，特地增加了地道广府风味小吃的比例；针对首届缩小版的城隍爷神像过小，第二年出巡的城隍爷神像就大了很多，出巡的轿子能坐真人，巡游队伍和人数也有所扩大；在非遗区除了著名的"三雕一彩一绣"外，还新增西关打铜、石湾公仔、竹木雕刻、广州戏服等地区性民间工艺和捏面人、糖画、草编等街头卖艺者，主办方更是把中山四路 288 号至 328 号骑楼打造成"广府非物质文化遗产之窗"。此外，第二届广府庙会根据社会各界的意见，规模有所扩大，内容更加丰富细化，并且增添不少互动性与趣味性活动。除秉承首届以城隍庙忠佑广场、中山四路（文德路口至北京路口段）、府学西街、北京路等地为支点外，第二届广府庙会新增越秀公园，在北京路文化商贸旅游区形成浓厚的庙会节庆氛围，还扩展到区内微型博物馆和各街道文化站、文化广场等，活动范围更广，影响力更强。活动区从展示区、展演区、展销区三大活动区更细化地划分为中心区、美食区、非遗区、动漫区、元宵灯会区、游园区、互动区七大活动区。庙会内容除了保留首届广府庙会的民俗巡游、美食街、非遗区等项目，还新增了广府达人秀、动漫文化展销、越秀公园游园互动、摄影和DV 大赛等项目。其中越秀区特别策划的"我要上庙会"——广府达人秀活动，为广府群众搭建了一个展示才艺的舞台，在两个月内不断掀起高潮，形成强大的影响力，对 2012 年广府庙会作了充分的预热，自此作为广府庙会的特色活动每年举办。

第三届广府庙会在保留原有特色基础上新增了不少亮点。庙会在越秀公园增设一连七天的万人相亲大会，单身青年不但可以相亲交友，还可以免费体验婚恋服务、情感心理咨询等；在五仙观内新增"广府庙会青春

sytle 活力秀"，展示传统广府文化的同时还有广府青年展演、青年社会组织展示等青年风采展示项目；新增慈善庙会，在人民公园南广场举办名人名家艺术品的慈善义卖、义拍活动，于晚上还特别增设"异域风采秀""广府功夫秀"以及"歌剧经典之夜"三场演出；在万木草堂可听到精彩的粤语讲古；在多地设置幸福邮局。广府庙会组委会向市民发起"金点子"征集令，市民在逛庙会的同时可以留下宝贵的建议和意见，同时在新浪微博上开展广府达人秀话题，市民关注"广州越秀发布"或"越秀青年正能量"公众号，原创或转发庙会精彩内容都有机会获得礼品。另外广府庙会的重头戏——民俗文化巡游在开幕式当天进行，巡游队伍增加到十多个方队约 800 人，还邀请了韩国、土耳其的传统民族艺术团队加入其中。动漫方阵中有喜羊羊、灰太狼、开心超人、猪猪侠等可爱动漫人偶加入队伍，受到小朋友和年轻人的喜爱。

　　第四届广府庙会在保留了民俗文化巡游、活动区、展示区、美食区、灯会区、商贸区等传统活动的同时，新增线上庙会、水上庙会、汉服文化展、国际民间非遗艺术交流等新内容（见图 5）。许多活动亮点通过网络向市民征集而来，同时主办方充分利用网络平台举行线上庙会，报道庙会现场、增加与市民的互动。水上庙会将庙会内容搬上游艇和沿江路一带，主办方希望把水上庙会和珠江夜游相结合，打造具有广府特色的珠江水文化。在首次亮相于 2014 广府庙会的汉服文化展上，市民不仅可以通过图片、文字等方式了解汉服文化和民族礼仪，还可以近距离欣赏汉服的风采，开幕式当天还有汉服真人秀、传统礼仪展示、古琴演奏等表演。另外庙会举办期间，在北京路异域风情区有法国、韩国、非洲、南美洲的服装、饰品、特产等商品展销活动，每天在固定时间段还有十五分钟的异域风情演出。庙会重头戏之一民俗文化巡游，集合了民族风、动漫秀、"国际范儿"，巡游中首次加入国家级和省级非物质文化遗产项目——瑶族大长鼓和饶平布马舞（见图 6），在保留喜羊羊等动漫人偶的同时加入独具特色的"广府 cosplay 秀"，外国艺术团继续助阵，香港的管乐步操队、童军步操队等也参加了巡游活动。

图5　第四届广府庙会的展区①

图6　第四届广府庙会民俗文化巡游饶平布马舞②

继新增水上庙会后，第五届广府庙会推出地铁庙会和小巷庙会。主办方与广州地铁合作，将1趟广州地铁1号线列车设置为庙会专列，市民可边乘地铁边猜灯谜，扫描二维码参与线上平台的猜灯谜活动赢奖品，在公园前站更可欣赏到骑楼模型、醒狮等非遗项目模型和广彩、广绣等广府民俗展示。市民不仅能乘地铁逛庙会，在家门口也能逛庙会。小巷庙会首次出现在大塘街秉政社区，把广府庙会中的广府民间民俗文化搬到了街坊面前。此外，本届民俗文化巡游又添新元素，巡游队伍中加入组委会精心打

①　图片来源于网络：http://happygirl940825.lofter.com/post/1cf7e272_12604b8b。
②　图片来源于网络：http://politics.people.com.cn/big5/n/2014/0224/c70731-24443251.html。

造的由 31 名大学生组成的"南越王护卫队"以及来自中国台湾拥有八大神将的"天宫神将队",巡游队伍还增加了 50 米长的"舞龙"和 8 人操作的巨大"舞狮"。本次庙会的亮点之处还在于创办了广东省首届非物质文化遗产创意设计大赛;在城隍庙广场设置怀旧电影专场,重温坐板凳看广场电影的美好时光;更注重青年元素,把更多青年社团和高校社团纳入庙会活动当中;美食家庄臣坐镇美食区,向市民推介广府美食;越秀公园举办绿色环保灯会,并专门展出中小学生制作的手工花灯……2015 年广府庙会实现了地面、地下、水上以及线上与线下的全方位衔接和全面联动(见图 7、图 8)。

图7　水上庙会"南海神·广州日报号"仿古游船(图片由刘玉婷提供)

图8　第五届广府庙会之地铁庙会①

① 图片来源于网络:http://news.66wz.com/system/2016/02/23/104736263.shtml。

广府庙会走过第一个五年后，很多项目模式固定下来，每年加以完善和创新。第六届广府庙会完善了水上庙会、小巷庙会、地铁庙会和线上庙会等内容和形式，并首次推出祠堂庙会，增设"广府潮墟"青年庙会，开发大型"五仙祈福"新仪式，展出广东省首届非物质文化遗产创意设计大赛作品，首次尝试广府民俗文化巡游＋会演活动的形式等，更突出了亲民性、传承性、广府味、互动性的特点。

广府庙会的影响力逐年递增。庙会上数十个专业或民间艺术团体热情展演，数百家企业踊跃加入，多家媒体电视台争相报道，不仅广播、电视、报纸等传统媒体对广府庙会大力宣传，网络、自媒体等也给予其重大关注。"据统计，2011年至2015年，传统媒体关于广府庙会的相关报道从最初的47篇已飙升至148篇，2015年，媒体报道平均每天高达20篇。最初，关于广府庙会的报道主要是将其作为一个单纯的民俗文化活动来讲述。如今五年过后，广府庙会已经成为一个话题和一种现象"（谭天等，2015）。广府庙会每年吸引数百万人参与其中，深受广大人民群众的喜爱。

四、广府庙会的特点

（一）以民间信仰为内核，保留巡游、推动祈福

从首届广府庙会开始，历届广府庙会的举办地点同时依托了城隍庙、五仙观、六榕寺、大佛寺等多个宗教场所进行，充分融合了佛、道、民间信仰等宗教文化。广府庙会每年都在其主要举办地点——广州城隍庙举行祭祀活动，祈求风调雨顺、国泰民安。之后是隆重的民俗文化巡游，延续了城隍爷神像出巡活动，其中保留了城隍仪仗队和抬阁及各种民间艺术表演两项程序。在民俗文化巡游期间，缩小版的城隍爷神像被抬出庙外，在多支民间艺术队伍中绕北京路一带巡游（见图9）。

图9　第三届广府庙会城隍爷神像出巡①

除保留祭祀和民俗文化巡游外，越秀区内的光孝寺、六榕寺、大佛寺等多个宗教场所也都举行祈福活动：祈愿、集福、共迎元宵。祈福文化活动包含祈福法会，舞狮、太虚拳等民俗表演，书画送福、花灯猜谜等多方面内容。除了保留原有的"城隍祈福"元素外，广府庙会主办方力求还原"五仙"传说，开发大型"五仙祈福"新仪式。此外，庙会其他区域也设有祈福元素，如幸福邮局旁的许愿墙、水上庙会祭祀南海神的开船祈福仪式、民俗文化巡游中的祈福活动、利用新科技在动漫主题文化展上设"投影互动许愿墙"祈福和在忠佑广场通过微信"摇一摇"功能可获得自己新年福利的"幸福祈福墙"等。

传统是庙会的根，信仰是庙会的魂。广府庙会虽是新创的民俗节庆活动，但它很好地保留了民间信仰内核，并对其进行创新性发展，这是广府庙会从创办时受到各界议论纷纷到逐渐被大众接受和喜爱的深层原因。

（二）突出广府文化特色，建构广府地域认同

广府庙会堪称一场广府文化嘉年华，粤语方言、骑楼建筑、粤剧戏剧、岭南画派、广东音乐曲艺，还有一些特色民俗等，这些在广府庙会上

---

① 图片来源于网络：http：//www.yuexiu.gov.cn/zjyx/gfmh/yxmh/tpyj/2013/。

都有所体现。首先体现在粤语方言上，在广府庙会众多活动上运用粤语来主持，如城隍文化祈福、民俗文化巡游等大型活动。其次是广府特色建筑骑楼，广府庙会在北京路文化商贸旅游区一带举行，正是骑楼集中之处。再次是广府特色饮食文化，广府庙会设立广府美食一条街，云集广府特色小吃和广州老字号，以独特而纯正的广府味，勾起一众老广儿时的记忆，也让外地游客品尝到广府美食的精髓，弘扬了广府美食文化。最后是广府民俗，广府庙会是一场广府民俗文化盛宴，设有民俗文化巡游、民俗文化文艺展演、非物质文化遗产展示区、广府民间工艺展示区、元宵灯会等多场活动。民俗文化巡游包含舞龙醒狮、岭南英歌、城隍祈福、广府华彩、南越王护卫队、腰鼓队等多支巡游队伍。民俗文化文艺展演涵盖粤剧京剧、盛世禅韵、汉服文化和传统礼仪展示，古琴演奏、川剧变脸、杂技杂耍、武术等中华绝学表演，异域文化表演等丰富内容。非物质文化遗产展示区分南北荟萃非遗展区、岭南精粹非遗展区、非遗创意集市展区，展示了"三雕一彩一绣"等具有浓厚广府特色的非遗项目和剪纸、草编等民间手工技艺项目，更有非遗传承人和手工艺人坐镇现场教授技艺。元宵灯会汇集了百盏广府传统工艺彩灯，还集中展示了具有岭南特色的客家、潮汕地区的花灯，现场还设有猜灯谜活动（见图10）。

图10　第六届广府庙会非物质文化遗产展示区（图片由刘玉婷提供）

吸收了首届庙会"广府味"不足的经验教训，从第二届广府庙会开始，主办方加重了广府文化色彩。因为承载了浓重的广府文化特色，广府庙会区别于当下中国其他地域的庙会，焕发独具魅力的勃勃生机，成为广府民俗文化特色活动品牌，在增强广府文化的凝聚力和影响力上发挥着重要作用。

（三）传统文化与现代元素相结合，突出高科技、主体性、互动性

广府庙会有许多在传统文化中融入现代元素的活动，很好地诠释了"传统风采，现代气息"。例如，从第二届开始推出广府达人秀活动，给草根达人一个展示广府技艺的舞台；结合越秀区是中国原创动漫艺术重地的背景，举办动漫庙会；为使年轻一代传承广府文化，举办青少年广府文化嘉年华活动，特设青年创意市集等。除了活动充满时代元素，广府庙会还积极创新庙会形式。主办方联合广州地铁、客轮公司、社区村落分别举办地铁庙会、水上庙会、小巷庙会、祠堂庙会等。另外，广府庙会每年都会加入高科技元素，继第四届增设线上庙会，充分利用网络平台报道庙会现场、增加与市民的互动后，又开创了"互联网＋庙会"新局面。

此外，广府庙会还特别注重与线上线下群众的互动，利用现代媒体调动民众的参与积极性。广府庙会秉承开门办庙会原则，广纳民意，不断完善内容和形式。第一届广府庙会结束后，主办方为完善这一以传统民俗文化为主题的活动品牌，特举办了一场"广府庙会，幸福相约——广府庙会大家谈"的座谈会。会上专家、媒体、学生和市民代表及越秀区各相关部门领导等集思广益，为广府庙会出谋划策。第三届广府庙会推出"开门办庙会"，其后一直通过"金点子"征集令、微博广府达人秀、广府庙会摄影大赛、越秀微平台"广府庙会"线上互动等形式增强与参与群众的线上线下互动交流。

不同于广州的"神诞"，也不同于北方的传统庙会，广府庙会在保留传统文化底蕴的基础上不断创新，推出融入现代元素的活动内容，利用互联网调动民众的参与积极性，让广府庙会充满活力。

（四）吸引社会力量参与，形成自给自足的运营方式

广府庙会是由越秀区创办的民俗节庆品牌，一开办就以"政府搭台、

民间唱戏"为原则，走社会资金参与的路子。从 2011 年到 2013 年，每届投入资金约 300 万元。2013 年广府庙会组委会面向社会公开征集 2014 年广府庙会策划运作及招商运营单位，2014 年首次实现政府"零投入"，完全由社会资金运作。广府庙会能实现自给自足的运营方式与庙会的商业贸易功能分不开。广府庙会是一场集"吃、喝、玩、乐、游、购、娱"于一身的嘉年华活动，自然也是个商贸购物狂欢节。其中美食区和商贸区是广府庙会商业贸易的重要场所，设有广府美食一条街、广府名优特产展销、手工艺术品展销等。另外广府庙会举办区域北京路、西湖路、文德路一带商家也在进行商品展销优惠活动。特别值得一提的是广府庙会的美食区，每年都人潮汹涌，大排长龙，吸引百万游客品尝广府美食，也因深受市民朋友的欢迎，美食区一般会延期结束（见图 11）。

图 11   第六届广府庙会美食区（图片由刘玉婷提供）

对于广府庙会"政府搭台，民间唱戏，自给自足"的模式，广府民俗专家饶原生这样评价："对类似庙会这样的文化活动，需要专业的组织策划，更需要专业的参与主体，行政力量干预太多既无必要也未必有效果；在当前的市场经济改革中，关键之处就是给社会资金更宽广的用武之地。给社会资金平台，既可以增加市场活力，亦可以为公共财政减负"（刘云，2014）。

"广府统领，兼容并蓄；传统风采，现代气息；政府搭台，民间唱戏。"特色鲜明的广府庙会不仅弘扬了岭南传统文化，也展示了湾区民众的现代风貌。

五、广府庙会的发展趋向

广府庙会自2011年由广州市越秀区创办以来，每年逐步完善和壮大，短短几年已成为极具影响力的广府民俗文化活动品牌，在推广广府文化、传承优秀民俗、丰富群众生活等方面起着重要作用。但是广府庙会毕竟无历史基础，其实质是政府主导的文化嘉年华活动，只是越秀区借助广州城隍庙重修开放和大佛寺扩建的契机，依托越秀区北京路一带深厚的历史文化底蕴，冠以"广府庙会"一称；甚至可以说，广府庙会是一场集"吃、喝、玩、乐、游、购、娱"于一体的大型文化嘉年华活动，包含祈福文化、民俗文化、美食文化、商贸文化、休闲文化等丰富的内容，发展过程中更是新增了万人相亲大会、动漫庙会、地铁庙会、异域风采秀等新元素。这些新元素在吸引更多年轻人的同时，也收到了一些质疑的声音。加之广府庙会的举办地点较为广泛，除了城隍庙、府学西街、北京路步行街、惠福东路、五仙观、大佛寺、万木草堂，越秀公园等固定地点外，每年还新增部分区域。同时，庞大的人流量也给庙会带来了相当大的秩序管理问题。如何使广府庙会真正走进民众的生活中，像广州市民春节必逛花市一样，让他们一到元宵节就想起广府庙会，需要从以下几个方面继续努力。

（一）增强民间认同感

广府庙会是以广府民俗文化为主的特色活动，主办方希望以庙会的形式增强广府文化的凝聚力和影响力，然而广府庙会算是一项资历尚浅的新创民俗节庆，让世世代代生活在广州的老街坊完全认同它尚需时日；同时，广州作为一座国际大都市，外来人口众多，五湖四海的人群有着不同的文化背景，如何让来自全国各地的"新广州人"接受并融入地域色彩浓厚的广府文化，乐于参与广府庙会的各项活动，也是一项比较有难度的课题。广府庙会要在无历史基础的情况下传承下去就要获得民间认同，其关键在于"需要政府开拓民主的、无偏见的沟通渠道，结合当地物质文化资源，与其他行动者共同挖掘地方历史文化元素，并结合群体的集体记忆及对未来的想象，实现新创节庆与地方的无缝对接"（刘博、朱竑，2013）。建构"广府"地方性，只有增进不同人群对广府文化的认同，才能将广府庙会越办越精彩。

（二）创新传播的手段

庙会举办期间，大多数上班族已经结束春节假期，返回工作岗位。为使更多的人都能参与广府庙会，需要进一步创新"互联网＋庙会"的新局面，不仅止于庙会期间的线上互动，还要突破时空局限，延伸到庙会闭幕后。例如开发广府庙会 App，在 App 上建立多个板块，市民可实时关注庙会动态、重温往届精彩、随时建议反馈。另外，近年推出的"支付宝＋美食"也可延伸到其他展销区域，并且设置移动 WiFi，使"互联网＋庙会"渗透整个广府庙会。在宣传渠道上，尽可能借助时下流行的微信、微博、微电影、自媒体等方式和渠道进行宣传，吸引更多的年轻人参与其中。

（三）开发文化旅游资源

广府庙会虽然历史尚浅，但它是广州市重点打造的广府文化品牌项目，影响力辐射到岭南各地，成为中外游客和广大居民群众游玩、娱乐、购物的好去处，带动了旅游商贸的繁荣发展，在社会上产生了良好反响。主办方可以利用这一优势，开发其文化旅游资源，扩大品牌效应，增强广府庙会的影响力。积极挖掘广府庙会的民间信仰文化资源、文化艺术资源、商业贸易资源、非物质文化遗产资源等，结合广州市越秀区深厚的历史文化底蕴和北京路商圈一带众多名胜古迹、革命遗址等，制订符合广府文化特色的庙会文化旅游开发规划，使广府庙会文化旅游资源转化为文化旅游产品。在满足游客文化需求的同时，加大购物和娱乐旅游产品的投入力度，形成合理的旅游产品链条，增强广府庙会文化旅游产品的市场竞争力，有效统一庙会旅游的经济效益、社会效益和可持续效益。

六、结语

广府庙会从无到有，从饱受质疑到市民称道，是创新节庆民俗的成功范例，它的成功之处在于现代与历史相结合，以传统文化为基础，在保留广府文化特色的同时加入潮流元素和现代科技，迎合现代人的审美追求又不失传统民俗风味。传统庙会民俗要保持活力就需进行一系列创新与发展：由传统的农村型庙会、单一的宗教型庙会发展成为融宗教、民俗、商业、旅游、娱乐、科技于一体的现代型文化庙会，融入当地的民俗特色文化，把庙会最初的娱神娱人等功能转变成弘扬传统文化、建构地方认同、满足人们精神需求的功能。随着社会进步以及人们生活观念和方式的改变，传统节庆民俗需要与时俱进、不断创新，才能更好地服务社会、融入广大民众的生活。

参考文献

[1] 卜建东. 中国庙会与国外狂欢节的对比研究 [J]. 东南文化，2007（6）：73 – 76.

[2] 曹荣，詹环蓉. 第十二届妙峰山传统春季庙会调查报告：旅游重塑下的妙峰山庙会 [J]. 民俗研究，2007（1）：127 – 144.

[3] 陈泽泓. 广府文化 [M]. 广州：广东人民出版社，2008：1 – 23.

[4] 仇巨川. 羊城古钞 [M]. 陈宪猷，校注. 广州：广东人民出版社，1993：154.

[5] 高有鹏. 庙会与中国文化 [M]. 北京：人民出版社，2008：3.

[6] 龚伯洪. 广府文化源流 [M]. 广州：广东高等教育出版社，1999：24 – 25.

[7] 洪文静，等. "广府庙会"的现状及存在的问题 [J]. 黑龙江史志，2015（11）：69.

[8] 李华伟. 非物质文化遗产对妙峰山庙会之影响：以妙峰山庙会申报非遗前后的活动为中心 [J]. 民间文化论坛，2014（6）：74 – 81.

[9] 李文海. 民国时期社会调查丛编：宗教民俗卷 [M]. 福州：福建教育出版社，2004：354 – 355.

[10] 李时权. 岭南文化 [M]. 广州：广东人民出版社，1993：64.

[11] 刘博，朱竑. 新创民俗节庆与地方认同建构：以广府庙会为例 [J]. 地理科学进展，2014（4）：576.

[12] 刘博，朱竑. 由广府庙会案例管窥地方性研究议题 [J]. 旅游学刊，2013（3）：8.

[13] 刘博，朱竑. 新创民俗节庆对地方认同的影响研究：基于广府庙会的结构方程模型分析 [J]. 旅游论坛，2015（4）：19－25，30.

[14] 杜珉. 节庆民俗视野下探究广府庙会形成发展与创新 [J]. 神州民俗，2015（8）：12－15.

[15] 刘云. 广府庙会：一场广味狂欢 [N]. 羊城晚报，2014－02－24（A06G）.

[16] 刘锡诚. 妙峰山·世纪之交的中国民俗流变 [M]. 北京：中国城市出版社，1996：106.

[17] 王建光. 张力与裂变：地方性视野中的庙会文化及其转型 [J]. 华南农业大学学报（社会科学版），2011（3）：131－137.

[18] 杨万秀、钟卓安. 广州简史 [M]. 广州：广东人民出版社，1996：67.

[19] 中国社会科学院语言研究所词典编辑室. 现代汉语词典 [Z]. 第5版. 北京：商务印书馆，2005：949.

[20] 张祝平. 论乡村传统庙会的现代性重塑：以国家级非遗浙南张山寨庙会为例 [J]. 广西社会科学，2013（3）：163.

[21] 赵德利. 民间庙会的"非遗"保护与开发规范 [J]. 山东社会科学，2010（11）：29－33.

[22] 赵世瑜. 明清时期华北庙会研究 [J]. 历史研究，1992（5）：118.

[23] 赵世瑜. 明清时期江南庙会与华北庙会的几点比较 [J]. 史学集刊，1995（1）：40－46.

[24] 赵世瑜. 狂欢与日常：明清以来的庙会与民间社会 [M]. 北京：生活·读书·新知三联书店，2002：5.

[25] 郑土有，刘巧林. 护城兴市：城隍信仰的人类学考察 [M]. 上海：上海辞书出版社，2005：104.

［26］段宝林.民间文化与立体思维：兼及艺术规律的探索（下）［M］.北京：大众文艺出版社，2010：372.

［27］吴智文，曾俊良，黄银安.广府平安习俗［M］.广州：广东人民出版社，2013：83.

［28］李培.揭开广州城隍庙六百年身世之谜［J］.今日科苑，2010（22）：103.

［29］谭天，黄妙杰，曾丽芸.文化传播：以电视为媒，至电视之外：以广府庙会直播报道为例［J］.南方电视学刊，2015（2）：78.

佛山市高明区濑粉节刍议①

佛山市高明区濑粉节是佛山市、区级非物质文化遗产。截至2019年，佛山市高明区已成功举办13届濑粉节，不仅吸引了大量游客慕名而来，将濑粉节发展为当地的特色旅游名片，而且挖掘和传承了民间饮食文化，赋予了非物质文化遗产新的时代意义和传承方式。本文以佛山市高明区濑粉节为切入点，结合2017—2019年的实地调研情况，梳理濑粉文化的发展过程，挖掘其文化内涵及其存在意义，并针对其现状提出改进意见，为这一现代节日的发展献言献策。

近年来，围绕传承和弘扬中华优秀传统文化，习近平总书记发表了一系列重要论述，特别强调中华文化积淀着中华民族最深沉的精神追求，是中华民族生生不息、发展壮大的丰厚滋养，要推动中华优秀传统文化创造性转化、创新性发展。民间文化是中国传统文化的重要组成部分，非物质文化遗产在新时代的发展与传承中既面临着挑战，也迎来了机遇。佛山市高明区濑粉节的出现就是传统与现代的结合，既传承了悠久的饮食文化，也树立了文化品牌，让传统的濑粉文化在当代焕发新的生机。高明濑粉源于广东省佛山市高明区，是一道以晒干的粘米粉为原料，辅以葱、姜、蒜、花生、头菜丝、鸡蛋丝，再配以肉丝或煎香的鱼饼丝为配料制成的民间小吃。濑粉文化本是民间一种历史悠久的饮食文化，长期以来，其制作工艺、食用场合未被官方严格地标准化，只在民间自发演变和流传，一直得到大众的喜爱和珍惜。今天，濑粉制作工艺并没有失传，反而逐渐从平民化走向商业化、日常化，呈现其独特的发展道路。本文以佛山市高明区

---

①　在本文调研过程中，莫小晴给予了大力支持，特此感谢。

濑粉节为研究中心，以实地调研为基础，梳理从濑粉习俗到濑粉节的发展历程，挖掘其文化内涵的变化，总结传统濑粉文化在现代社会蓬勃发展的规律，并针对其发展现状提出建议。

一、佛山濑粉和濑粉节的研究成果述评

关于濑粉文化和濑粉节，相关的资料多停留在制作工艺介绍、借助饮食文化抒发乡愁等新闻报道上。《广东民俗大观》一书介绍了江门市恩平濑粉的制作工序，包括了米的选择、米水配比、粉团制作标准、制粉工序，但缺乏对濑粉汤底与配料、食用场所、文化内涵等的介绍，只用一句话提及濑粉是恩平人中秋佳节的美食，点出恩平濑粉适用于欢庆节日的特点（刘志文，1993）。这与高明濑粉有相似之处。东莞市厚街镇文化广播电视服务中心创作的《竹溪古韵》一书主要记录了东莞厚街濑粉的制作工艺，比恩平濑粉的记载更加丰富和详细，不仅记录了制作技艺，强调了汤底制作、配料的重要性，还提出恩平濑粉代表了恩平人勤劳朴实、追求和谐美满的人文精神（东莞市厚街镇文化广播电视服务中心，2015）。2010年发表在《源流》期刊的《广东名优特产推荐》对佛山高明濑粉作了简单的介绍，提及了高明濑粉店的生存状况、濑粉的制作工艺、濑粉的特点、濑粉的寓意等基本情况，对濑粉软、韧、爽、滑的口感特点与长长久久、吉祥如意的寓意给予了肯定（广东省老区建设促进会，2010），但此文篇幅较短，主要是从特产介绍的角度对濑粉进行简单说明。2007年至2019年，《佛山日报》对濑粉节历年盛况作出了详细的新闻报道，主要记录每年的濑粉节筹办地点、参与人数、食用濑粉数量、濑粉节活动等情况。

虽然佛山市濑粉节自2007年在佛山市高明区创办，至今已有超过十年的发展历史，但各界对其文化内涵和精神实质的重视程度不够，对于濑粉文化内涵的挖掘还应继续深入，以利于工艺传承和文化传播。

二、佛山濑粉文化的生态环境

佛山市位于广东省中部，地处粤港澳大湾区，下辖禅城、南海、顺德、三水、高明五区，濑粉文化来自其中素有"佛山后花园"之称的高明

区。佛山市靠近江河的地理位置有利于交通运输，加上庞大的制造业基地和大量劳动力的有利因素，成功带动了当地的经济发展和城市快速发展。现代化的佛山市同时拥有悠久的历史文化，粤剧、龙狮、石湾陶瓷都是佛山文化的特色代表，也是岭南文化不可或缺的组成部分。

（一）佛山市高明区地理环境

高明区位于珠江三角洲西翼，全区总面积 960.21 平方公里，东南和南面与鹤山市交界，西南与新兴县相接，西北与肇庆市高要区接壤，东北与三水区、南海区隔江相望。由于拥有得天独厚的自然环境，高明区一直被誉为"山林水都"，三面被群山环绕，森林覆盖率较高，内部为平地，"西、南部和中、北部的部分地区为低山、丘陵及台地，东部和东北部为广阔的冲积平原，形成西、南、北三面环山，西南向东北走向的狭长地形"（佛山市高明区史志办公室《高明年鉴》编辑部，2003）。高明山脉资源非常丰富，有皂幕山、老香山、鹿洞山、凌云山等。高明的母亲河——沧江河发源于西部的老香山，贯穿区境，最终汇入西江，是高明人的饮食之源。高明的土地资源丰富，过去当地人民主要依赖耕种业为生，沧江河岸边曾是大片沿河的耕地。

山水地理环境为高明人"靠山吃山，靠水吃水"打下了良好的基础。高明濑粉属于典型的南方面食，对汤底的要求较高，口味以清香、鲜美为上，其清、鲜、香的特点正是从当地的青山秀水中孕育，与当地的自然地理环境有着密切联系。

（二）佛山市高明区人文环境

地处珠三角地区，相较于佛山市其余四区，高明区的经济发展水平相对缓慢，生活节奏相对轻松舒适，当地人更注重追求健康舒适的生活品质，对传统文化有较强的认同。优美卓越的自然环境铸就了高明人淳朴自然、勤劳节俭的美好品质，城市大街小巷仍然保留着出售手工制作粽子、角仔等传统美食的老字号店铺；传统民俗项目划龙舟大赛每年都在沧江河开展，多条村的代表船只在母亲河上角逐；历史文物建筑灵龟塔、文昌塔、灵龟公园都是高明人休闲娱乐的好去处。

民间饮食文化是高明的特色文化产业。得天独厚的地理环境打造出高明区有机农产品特色品牌——三洲黑鹅、合水粉葛、有机香米、高明濑粉等。2010 年，高明旅游文化节推出首届绿色商品博览会，充分展示了绿色土特产商品、绿色生态居所、绿色生态旅游、绿色旅游酒店、绿色精品线路，把具有地方特色的物质饮食民俗、自然生态环境与旅游发展充分结合，打造高明区的绿色生态城市形象。

三、佛山濑粉文化的起源

关于濑粉文化的起源尚未有定论。笔者在 2017 年第十一届濑粉节的"濑粉学堂"中搜集到两种关于濑粉历史渊源的说法。一种说法为濑粉制作工艺是由明代瑶人传给汉人的。明代成化十一年高明建置时，瑶人、汉人混居，长期的密切交流让汉人从瑶人的饮食习俗中学到了濑粉制作工艺，并且在高明这片土地中扎根发展，直至改良和传承为今天的濑粉工艺。据此说法，高明濑粉的历史则超过五百年，而且是多民族饮食文化融合的产物。

另一种说法是关于濑粉食用习惯的民间传说。民间传说"黎十万调灶"讲述的是在明代的高明坨程村，从武当山学成归来的黎十万被当地村民误认为没有学到真本事，长期遭村民的奚落。某一年的除夕出现了怪事——每家每户的火灶都没了灶口，无法做濑粉。当村民们都手忙脚乱的时候，黎十万却让大家安心回家。等村民们回家后发现灶口居然又重新出现了，这也许就是黎十万为了向村民们证明自己学有所成，使出了法术让灶口消失后又复原。因此，就形成了每年的除夕家家户户守护火灶做濑粉的习俗。这个民间传说反映了食用濑粉的时间是除夕，是过去一年的结束，也是新一年的开始，在如此重要的日子里食用濑粉蕴含了濑粉的珍贵和来之不易，也赋予了濑粉隆重、喜庆的美好习俗意义。

虽然在历史文献中找不到高明濑粉的源头，但是口头传说记录了高明濑粉是多民族饮食习俗融合的产物，展示出了高明民众对濑粉的喜爱和珍视。所以，日常生活中，在喜庆和重要的日子里食用濑粉的习惯得到延续和保留。

四、佛山濑粉的制作工艺

作为非物质文化遗产，濑粉制作工艺是集体发明、集体传承的民间饮食技艺，没有标准化流程。在濑粉的制作过程中，不同家庭、濑粉店、濑粉师傅制作濑粉的方法不完全一致，甚至在高明区的不同地域因口味偏好不同也出现细微差异，但所用的总体工艺基本相同。笔者根据资料整理和现场调研的情况，总结出制作高明濑粉的主要工艺：粉条制作、汤料制作、配料制作。

粉条制作是最重要的一步。濑粉的粉质特别重要，而高明濑粉的制作离不开精心挑选的稻米。在高明的晚造水稻收成之时，农民会精心挑选当地的合水黄谷米，并另外进行收割打包，称之为"濑粉谷"。每年 11 月收割黄谷米后，村民还要浸米，将米研磨成粉，再用竹筛筛粉、晒粉后，将其封入坛中储藏，只为在嫁娶、升学、中秋、年夜的喜庆日子中能吃上一碗合心意的濑粉。之所以选择合水黄谷米，是因为黄谷米是下半年才种植的大米，夜间发育时间较长，种植时间超过 120 日，因此黏性极强，做出的濑粉弹牙有嚼劲。如果挑选的大米不佳，粉条的口感也会明显下降。

除了选择优质的大米磨成粉外，和粉技术和濑粉条的工具也很重要。将烧好的热水和粉按照一定的比例搅和，并且要持续用力搅拌和揉搓，中间不能令其冷却，要不定期添加热水或粉进行调整。当用手拿起一堆粉，往下放可见成团掉落时，和粉步骤就完成了。和粉的力度越好，制作出来的濑粉越有嚼劲。经验丰富的濑粉师傅甚至可以通过双手感受粉的温度来判断粉是否已经混合得当。待全部都搅拌变熟，粉浆制作就完成了。

接下来就要用到一个特殊的工具，称为"濑粉瓯"。这是一个有着若干孔洞的镂空碗状容器，孔打在半边的碗壁上。孔打在侧面有两个好处，第一个好处是可以在不超过孔的高度下承载一定量的粉浆而不会漏出；第二个好处是当需要"濑"出粉条时，只要稍微将濑粉瓯倾侧一定角度，粉浆自然从孔中成条状漏出，进入沸水之中，不间断的长粉条就在沸水中形成，直至粉浆倾倒完毕。让粉浆从濑粉瓯流入沸水中，该过程就叫"濑"。濑粉用的水不能是沸腾的开水，应该保持在 90℃左右，一定要用猛火。在水面沿着顺时针方向一大圈、一小圈地往下濑，直到将粉濑完。紧接着将成型的长条濑粉捞出，快速放入晾凉的开水中冷却，让粉条不容易粘连，之后再捞出放入筛中存放，濑粉制作才算完成。

配料是搭配濑粉的绝佳美味食料，主要作用是增加濑粉的香味，是必不可少的元素。传统配料包括肉丝、鱼丝、切鸡、牛腩、牛肉、叉烧、草菇、冬菇等几十种，一般还要有葱、姜、蒜、花生等，还可以加一些榨菜丝、腊肉、炒蛋、辣椒圈。在制作工艺上，葱、姜、蒜要切成末，花生炸熟后要碾碎。而高明濑粉中最著名的是六宝濑粉，配料包含了经油爆炒的姜、葱，以及头菜丝、蛋丝、猪肉丝、花生六种。此外，还有烧鹅濑粉、烧鸭濑粉、猪手濑粉、鱼肉濑粉、瘦肉濑粉、杂锦濑粉等其他口味的濑粉供食客选择（见图12）。

图12 濑粉和配料（图片由关溪莹提供）

有了主料和配料，还要熬制清甜、鲜美的汤底为濑粉的美味保驾护航。在过去的艰难岁月里，村民只能用清水煮濑粉，当人们的生活好转了，汤料就讲究了。传统的高明濑粉选用猪肝、瘦肉、骨头等慢火细熬的清汤，将肉熬到松软，用时大概要一个半钟头，直至汤底饱含浓厚香醇的味道，淋洒在濑粉上，完成最后一道工序。

五、佛山濑粉与百姓生活

"黎十万调灶"的民间传说反映了传统习俗中的濑粉食用场合，暗示了传统濑粉食用的仪式感和庄重感。在经济并不发达的时期,粮食短缺,加上制作原料特殊且珍贵,工序复杂,一般家庭在平常日子里不会特意制作和食用濑粉。濑粉食用场合大致可以分为两种,一种是于重大的传统节日食用,比如春节、端午节、中秋节、国庆节等,濑粉文化成为节日饮食习俗的重要内容。另一种是在喜庆活动时用濑粉宴请亲朋好友,比如婚宴、寿宴、满月宴、新居入伙宴等。至今,在重大传统节日和喜庆活动时食用濑粉的习惯依旧在民间保留。复杂的制作工艺和特殊的食用场合赋予了濑粉丰富的文化内涵。

濑粉文化既凝结了当地人民对往日收获的赞美,也蕴含了他们对未来生活的向往。"濑粉"中的"濑"不仅阐释了制作濑粉过程中粉浆从濑粉瓯流入沸水中形成濑粉条的动作过程,而且正如长条的濑粉顺滑地从孔洞中流出那般永不间断,带有"长长久久"的美好吉祥之意。各种常见的配料分别代表了珠圆玉润(猪肉)、如鱼得水(煎鱼饼)、今生今世(蛋丝)、万事如意(头菜丝)、妙笔生花(花生)、翠意绵绵(葱)、将心比心(姜)、如意算盘(蒜)的美好希冀,寓意金玉满堂、地久天长。高明人选择在重大节庆和传统节日中才享用濑粉,可以看出当地人并没有将濑粉等同于普通食物,而是超越了满足身体果腹的基本需求,上升到精神需求的满足。漫长复杂的制作过程已成为一种精神寄托,严谨细致地选米、制浆、熬汤、切配料彰显了对濑粉文化的尊重,耐心细致的工艺态度和毫不马虎的饮食追求颇有"苦到甘来"的等待含义,老百姓期待崭新的生活也如满满的一碗濑粉,充盈着丰收和期待的喜悦。

濑粉文化还体现了当地人的智慧和品味。当地人区分出适合制作濑粉的稻米,对具有黏性的稻米进行严格选取,追求濑粉爽口的口感,对美食的追求有着明晰的要求。在粉条的制作中,还发明了专门的仪器"濑粉瓯"配合制作,既能保证粉条的长度,也能保证粉条的粗细一致。与刀削面制作相比,大大降低了人力消耗,只需要制作者轻微倾斜濑粉瓯,掉进沸水中的粉条就自然形成了,而且在统一规格的孔中流泻出的粉条能保证粗细一致,在口感上不会出现粗细不均匀的情况。濑粉的配料与岭南早茶追求精致和多样化有相似之处,选材丰富多样,荤素搭配,丰俭由人,满足不同食客的口味和需求。濑粉的包容和随和就如当地人热情好客、自由淳朴的个性一样,成为被大众喜爱的重要原因之一。

濑粉文化更是寓意着家庭团聚，带着浓厚的家乡味道。重大节庆和传统节日是家人团聚、走访亲友的好机会，借着濑粉宴的契机，亲友间能增加接触机会，联络感情，对于家庭和谐、家族凝结有着巨大的促进作用。宴请多位客人食用濑粉并不是一件简单的事，在筹备阶段，亲友分工合作，准备濑粉的过程无形地团结和凝聚了家族成员，形成"有福同享，情深义厚"的家族氛围。在濑粉宴上，全家大小围坐在同一张桌前一起享用濑粉，每一位成员都能感受到家族兴旺和家庭团圆的温暖与喜悦。在喜庆的日子里相聚，也暗含分享喜事和快乐的意义，把主人家的大喜大吉、好运鸿运分享给所有的亲朋好友，共同品尝美好的佳肴。濑粉中"长长久久"的含义也暗喻家族兴旺、子孙延绵、老人延年益寿、夫妻百年好合等，寄托了高明人对家族兴旺延绵的美好期许。

可见，濑粉不仅是高明人年节喜庆时的特色食品，也体现了当地人的聪明才智，寄寓着他们对美好生活的赞美，具有家庭凝聚的功能，散发着浓重的乡土气息。时代在发展，高明人对濑粉的感情从未改变，濑粉节是高明濑粉文化与时俱进的新发展体现。

六、佛山高明区濑粉节的形成与发展

（一）濑粉节产生的动力学分析

佛山当地的传统文化底蕴十分丰富，有佛山祖庙庙会、石湾陶艺、木版年画、龙狮舞蹈等。当代佛山的经济发展迅猛，城市人口流动加剧，大小传统的正面碰撞不断加剧，探索新的传承方式保护传统民俗成为佛山人面临的文化挑战。高明区以 2007 年"万人濑粉宴"为开端，不断完善发展出"濑粉节"，时间跨度从一天的宴会延长到一周的节日庆贺，地点从最初的近 1 公里长的长安食街转移到旅游园区盈香生态园，举办规模不断扩大完善。可以从区域特点、行业发展和心理需求三个角度对濑粉节的产生进行动力学分析。

首先，从展示区域特点的角度来看，高明区被誉为"绿色农产品之都"，佛山市在经济生产、文化发展等领域都注重打造"绿色"品牌，生产制造业注重发展绿色新能源、低碳建材，旅游经济业主打绿色商品博览会，以"味道佛山，材源高明"为口号的博览会充分展示了当地的绿色有机农产品，打造了绿色高明的良好品牌形象。因此，绿色饮食文化也是打造佛山文化品牌的重要抓手。

其次，从促进行业发展的角度，借助濑粉饮食文化为高明相关产业的推广做好铺垫。商品博览会也是高明区美食节的舞台，将传统饮食文化以节日的形式再生产，丰富了传统文化传播的广度和厚度，也推动着相关产业的发展。为了更好地突出高明地区的绿色农产品品牌，当地在成功举办绿色商品博览会的基础上，从2017年开始推出广东高明绿色食材节，打造了高明富硒大米、合水粉葛、三洲黑鹅、合水生姜"四大材子"和高明濑粉、更合角仔、盈香烤全羊、无花果（膏）"四大美人"等品牌。濑粉和其他高明特产一起带动了食品加工、商品零售、餐饮、旅游等行业发展。

最后，从满足心理需求角度来看，濑粉文化代表了家乡的味道，给当地人带来文化自信和自豪感。对老一辈的工艺传承人而言，濑粉制作工艺不仅能作为谋生手段，而且带来了社会对濑粉文化的尊重。高明老字号"江南濑粉店"从1990年开业至今，已经把连锁店开到了高明以外的地区，将濑粉文化品牌带出高明，获得外地人的认可，呈现出工艺传承人对高明濑粉品质、工艺、口碑、文化的信赖和坚守。当下各地濑粉店的数量也逐渐增多，投身濑粉制作行业的人不断增加，让越来越多的人接受濑粉、了解高明。对于年轻一辈而言，他们在长辈的言传身教和濑粉的陪伴下长大，在隆重场合食用濑粉的习俗已经融入了其成长过程，而濑粉节的举办更让年轻人走近濑粉文化，加深他们对濑粉历史及工艺的认识。濑粉虽然只是地方特产，但这是高明一方水土孕育出的具有浓郁地域特色的饮食习俗，它经得起岁月考验，寄寓着深深烙入高明人骨子里的家乡情结。

（二）濑粉节的发展历程

2007年，佛山市政府首推佛山旅游文化节的"万人濑粉宴"，以濑粉"宴会"的形式作为濑粉节的发展源头。濑粉宴还是一场进行慈善筹款的爱心宴会，利用濑粉宴现场进行慈善募捐和竞投，所得筹款用于捐助高明孤儿。虽然濑粉节逐渐从濑粉宴中独立，但濑粉宴并没有被取消，而是与濑粉节并行，成为每年一度的爱心慈善宴会。2008年，高明濑粉节被高明政府正式列入第一批区级非物质文化遗产名录，而后被列为佛山市级非物质文化遗产项目。2009 年，高明濑粉节现场获得了上海大世界基尼斯总部颁发的"规模最大的濑粉品尝活动"证书。在两年时间内，参与人数从 2007 年的一万名游客发展到 2009 年两万人次参加。

2012 年开始，濑粉节从长安食街转移到盈香生态园举办，举办时间延长为一周，并设置在每年的 10 月国庆黄金周，更加集中吸引了大批游客前来，承办方也从高明区政府转接给景点负责。为了能将濑粉推向产业化和标准化生产，高明区市场监督管理局组织佛山市质量和标准化研究院的相关专家，对全区濑粉主要餐饮单位开展了实地调研和分析。2017 年，高明区市场监督管理局与高明区名特小吃标准联盟联合发布濑粉的联盟标准，首次在原料、生产加工工艺、理化指标等多个方面作出了详细规定。濑粉的生产、制作开始步入标准化轨道。目前，在盈香生态园的研发下，新型濑粉农产品和新口味不断推出，濑粉节也不仅停留在食用濑粉的宴会上，还增设了多项文化项目，比如濑粉学堂，现场示范和教授宾客关于濑粉制作的工艺；也增加了仪式感，在濑粉节开始前有盛大的开濑仪式、切烧猪仪式；现场还介绍了濑粉的传说、濑粉的来源，展示了濑粉宴等。在濑粉节的带动下，近年来高明区开设的濑粉店数量明显增加，濑粉食用日渐趋向日常化和商业化。

根据 2017 年到 2019 年连续三年在濑粉节现场的实地调研，我们发现濑粉节不仅是一场美食盛宴，更是一场游玩和饮食的体验之旅，营造出了吉祥喜庆的好意头，也推广了高明特色农产品。例如 2019 年 9 月 29 日—10 月 7 日高明盈香第十三届万人濑粉节在盈香生态园举行（见图 13）。9 月 29 日的开幕式活动内容如下：

主题：祥和长久　粉香高明

时间：9 月 29 日（星期日）

地点：牛牛广场

活动内容：

1. 2019 年高明盈香第十三届万人濑粉节开濑仪式。

2. 濑粉学堂展示制作过程，传承濑粉制作工艺，代代相传，源源不息。

3. 用濑粉干做濑粉山，象征步步高升、国泰民安。

4. 展示高明绿色农产品。

图 13　2019 年高明盈香第十三届万人濑粉节在盈香生态园开幕（图片由关溪莹提供）

　　在盈香生态园濑粉节现场，园区门口摆放宣传手册供游客提前了解濑粉节系列活动，游客可根据指引选择感兴趣的活动参加。濑粉节以开濑仪式揭开序幕，现场不仅有龙狮表演，还有珠江形象大使加盟表演，高潮环节是由金牌厨师现场表演濑粉条烹饪过程。舞台一侧摆设了特色农产品和濑粉宴餐牌，介绍了金牌濑粉、捞喜濑粉、凉拌濑粉、豪华濑粉宴的不同吃法以吸引游客。开濑仪式结束后，众人在去往餐厅的路上会经过濑粉学堂。工作人员在濑粉学堂的灶前准备好制作濑粉的材料，开展濑粉工艺现场教学，协助游客制作濑粉，吸引了众多游客前来排队尝试。濑粉学堂内部还介绍濑粉文化，包括濑粉的习俗、民间故事、民间传说等（见图 14）。

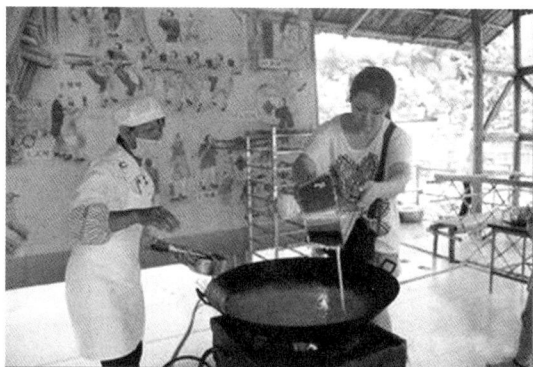

图 14　游客学做濑粉①

---

　　①　图片来自网络：https：//m. sohu. com/a/343435813_355842。

走出濑粉学堂，餐厅内部专门摆设了一席濑粉宴的全套食材，食材中心放置了手工濑粉和两煲老火鸡汤，两旁各放置一个竹篮，竹篮里满载煎炸面粉祭品；最外围由各式配料包围，包括大团、姜蓉、辣酱圈、花生、肉丝、蛋丝、头菜丝、脆皮烧鹅、脆皮烧肉等，呈现出红红火火的美食宴席。在餐厅里众人开宴之前还举行了一场切烧猪仪式，由主厨持刀切开烧猪并分派到每一席客人的桌面，成为濑粉宴的最后一道配菜。来自各地的食客纷纷落座，或与亲朋好友共聚一堂，或与来自天南海北的陌生人共享美食，濑粉宴的热闹气氛拉近了人与人之间的距离。

根据采访可知，游客来源广泛，既有本地游客，也有外来游客。本地游客包括高明区本地家庭、幼儿园、中小学、公司机构或单位等；外地游客大多为退休老人旅游团、公司旅游团以及少量的盈香生态园员工家属团。外来游客有来自较近的顺德、石湾、肇庆等地，也有来自稍远的广州、深圳、清远、韶关等地。① 可见濑粉节逐步走出佛山，受到外界的认可和支持。

七、从濑粉习俗到濑粉节

民间的濑粉习俗逐渐发展成现代的濑粉节，濑粉文化在该过程中经历了一系列的变迁，完成了传统的再生产，同时也赋予了节庆民俗崭新的内涵。本文将从食用场合、制作工艺、文化新内涵三个方面分析从濑粉习俗到濑粉节的变迁。

（一）食用场合的扩展

濑粉节的诞生使濑粉食用场合发生两个方面的变迁：第一个方面是食用场合的范围有所扩大。濑粉文化起源于民间的家庭生活，制作濑粉的人主要是家庭妇女，掌握了选米、制浆、熬汤、配料等一系列工序，濑粉制作全部是家庭内部生产、内部消耗，食用人员都是家庭成员和亲朋好友。

---

① 访谈对象：朱阿姨，退休人士，居住在广州市，她说自己已经是第二次来参加濑粉节了，并带着孙子一起来享受濑粉盛宴，还推荐身边的退休老人一起组团前来。访谈时间：2019年9月29日。访谈地点：高明区盈香生态园高明盈香第十三届万人濑粉节开幕式现场。访谈人：关溪莹。

而当今的濑粉食用场所已经延伸到社会餐饮，发展出众多濑粉餐饮店铺。2017 年高明区评选出了江南濑粉店、芳味濑粉店、靓记濑粉店、上善濑粉店、盈香生态园、莲兴濑粉店、家常濑粉店、坚一濑粉店、卓华濑粉店、康乐濑粉店为十大最受欢迎高明濑粉店，可见濑粉行业蒸蒸日上的势头。第二个方面是食用场合趋向日常化。由于过去的生活条件有限，濑粉只在喜庆日子才有机会享用。现在餐饮业的发展和售卖方式方便了人们随时享用濑粉，除了濑粉店提供已经调配好可现场食用的濑粉以外，在市场上也有商家制作和售卖濑粉条，当下的家庭主要购买制作好的濑粉条，并自备汤底和配料，就可以完成一顿濑粉宴了，省去了制作濑粉条的漫长过程。濑粉节更是推波助澜，濑粉的食用场合从特别的日子拓展到老百姓的日常三餐，为大众享受美味提供了便利。

（二）制作工艺的革新

在濑粉节上高明人从濑粉品种、制作方式、濑粉配料三个方面对传统濑粉进行了改进。传统的濑粉是用米浆制作而成的白色长条。2017 年，盈香生态园将高明的农产品和濑粉相结合，推出南瓜养生濑粉，在原有米浆的基础上增添研磨好的南瓜粉，最终制成的濑粉呈现为金黄色长条。既保持了传统濑粉的软、韧、爽、滑，又增添了南瓜的香甜，食客可根据自己的口味挑选品尝，非常受欢迎。从制作方式来看，传统现做的濑粉才能保证较好的口感，但产量有限，而用濑粉机产的濑粉，虽然产量大但质量无法与现做的濑粉相比，濑粉的传播因此受到制约。依仗人工和手艺既是高明濑粉的优势，也是劣势。濑粉节上推出濑粉干产品，将晾晒好的手工制作的濑粉条制作成濑粉干，变成可短期保存的食品，在需要食用时用热汤进行滚烫软化便可，虽然偏黄、干、硬，口感不能与现做濑粉媲美，但这已经在濑粉文化推广方面迈出了重要一步。从配料上来看，随着物质生活的不断丰富，配料的多样化也是不可避免的潮流。除了传统的六宝（姜、葱、头菜丝、猪肉丝、蛋丝、花生）外，肉类配菜增添了不少。濑粉节推出的濑粉口味多达 15 种，甚至还有迎合外国人口味的西式牛扒濑粉。

（三）文化新内涵的形成

随着濑粉习俗转变成濑粉节，仪式感渐渐被日常化冲淡，节庆日的喜庆感也无形消减，制作步骤的简化减少了亲情味道，但是濑粉的文化新内涵应运而生。传统濑粉对外传播的影响较小，濑粉节吸引外来游客来佛山本地品尝濑粉、欢度濑粉节、参与濑粉文化活动，与佛山人进行更多交流。同时濑粉节的推出就是当地借助濑粉文化进行宣传推广的手段之一，利用当地的特色民俗文化吸引外来游客前来佛山体验绿色食品、绿色旅游，通过新闻媒体、网络平台、手信推广的方式扩大佛山濑粉的知名度。万人濑粉节的宣传充分结合了现代科技和便捷网络，从以前的电话订票、现场购票发展到网络购票；借助微信公众号宣传；利用微信"摇一摇"功能为游客提供园区准备的小礼品等。现场还有电视直播，邀请名主持人、珠江小姐参与濑粉节开幕式，吸引人气。濑粉节一方面借助客流量促进当地的经济发展，另一方面也打响濑粉美食品牌，将濑粉打造成旅游文化品牌，树立佛山的文化形象。

八、佛山市高明区濑粉节的未来探索

佛山市高明区濑粉节打响了高明濑粉的品牌，每年吸引超过 10 万名游客一起为高明濑粉狂欢，是集品尝濑粉、土特产展览、游高明山水、欣赏传统民间文化于一体的大型文化盛会，成为珠三角远近闻名的民间节庆活动。但是濑粉文化仍然在一定程度上面临着认同难、继承难、推广难的问题，需要制订可持续发展的长远规划，在文化定位、推广路径等方面仍有待提升。

（一）完善濑粉文化资料

关于佛山濑粉文化的研究资料比较零散，缺乏系统的整理和分析。可邀请专家学者对高明濑粉的制作工艺、历史发展、文化内涵等进行系统梳理；还可摄制专题纪录片记录高明濑粉的制作过程和精湛工艺，为后世对高明濑粉的研究留下参考资料。

（二）学习其他地方饮食民俗的发展经验

兰州拉面、桂林米粉、云南米线等地方餐饮品牌不断发展壮大，走进商业市场，形成商业连锁店，获得良好的口碑。而目前的佛山市高明区濑粉节仅处于起步阶段，未来的发展定位仍然不明晰。仅停留在一场盛宴是不够的，我们应该参考其他饮食民俗的发展经验，充分结合佛山地方旅游特色和绿色农产品精准定位，促使濑粉走出佛山，成为佛山的文化名片。

（三）扩大濑粉文化的传播范围

由于濑粉的制作工艺、保质期、食用口感、节日氛围等，濑粉文化向外传播受到一定限制。濑粉节充分利用网络媒体、旅行社合作、新闻报道等方式吸引大量游客前来参与，获得短期的宣传高峰和好评如潮。但是随着游客散去，濑粉文化又消失在人们的视野里。愿意出外开店的人不多，既要承受高昂的濑粉制作成本，还要面临人手不足的风险，坚守濑粉事业的人局限于珠三角地区，影响确实有限。针对它工序复杂、保存不易的弱点，应该鼓励专业人士加强研究，创新工艺，既能保持传统工艺的口味，又能使用真空包装使濑粉保持新鲜，将其经科学深加工研制成独特的速食方便濑粉。相比兰州拉面、桂林米粉等知名饮食品牌，佛山濑粉的影响范围和发展规模仍有待提升。

（四）更新濑粉文化的宣传形式

随着中国互联网络信息时代的快速发展，使用网络、手机、iPad 等接收信息的受众已经超越杂志、报纸、广播电视等传统媒介，濑粉的宣传形式必须与时俱进。既要用好标语、横幅、宣传栏、报刊栏、墙报、广告牌等信息载体，特别是博物馆、民居、老城、遗址等实物资源，借助节日、集会等时机向民众介绍濑粉文化，也要利用音视频等形式吸引受众。传媒已经进入音频时代、读图时代，音视频文件正在取代传统文字，声音画面使传播内容更加丰富地展现在受众面前，所以需要加强对濑粉文化的网络推广，将其网络化、信息化、数字化，如建立濑粉工艺文化专门网站，借助公众号、App、视频直播等数字媒体的方式对其发展历史、发展现状进行全面、系统的记录，更好地传播、宣传广东特色习俗。

（五）健全濑粉工艺传承人保护制度

随着乡间宴席的减少，还能坚持每年自制濑粉的家庭已经越来越少。该项民俗来源于民间，缺乏统一的标准，加上老一辈传承人逐渐年迈，年轻人不愿意学习，制作者越来越少。根据高明人欧师傅介绍，他从18岁开始继承家族生意做濑粉，要学会做濑粉仅仅用几个月是不够的，必须要有长时间的经验和训练才能真正做出好吃的濑粉。他以亲身经历为例，即使自己是老板，但是每天工作时间也有十几个小时，很少有年轻人愿意吃苦，也缺乏耐心来继承和学习濑粉工艺。①当务之急是要建立健全传承人保护制度，赋予濑粉传承人必要的社会地位和经济保障。在继承传统上，老一辈努力把濑粉手艺传承给下一代，可先形成家庭传承的优良传统，再不断向外传播。下一代传承者除掌握传统制作工艺外，还要积极创新和改革，将濑粉文化发扬光大。

（六）提升当地人对濑粉文化的认同

濑粉节的参加者虽然有本地游客和外地游客，但主要宣传对象是外地游客，本地游客的参与度一般，对濑粉节的认可度不高。只有当地人有足够的信心将该文化继续传承和发展，才有足够的动力支撑高明饮食文化发展，要想宣传高明濑粉的历史与发展、文化内涵，提升本地人对濑粉文化的认识和热爱是十分必要的。学校可以开设特色课程，编写地区民俗文化读本，将民俗文化渗入学校教育，濑粉节的集体参观、濑粉学堂的学习体验都能帮助学生更接近制作工艺，从小培养年轻一代对本土文化的喜爱。对普通百姓而言则应注重提升他们的节日保护意识，相关部门可免费开放介绍濑粉文化、历史的文化展览、历史展厅，提升本地区民众对濑粉节的认可度，还可鼓励高明民众在热爱本土文化的基础上，积极响应和参与当地的濑粉节，不仅成为濑粉节的参与者，还要做濑粉节的建设者，为办好濑粉节献言献策。

九、结语

佛山高明濑粉通过繁复的制作工艺、特殊的食用场合、隆重喜庆的饮

---

① 访谈对象：欧师傅，30岁左右，佛山高明人，出生于濑粉世家。18岁开始在店里帮忙，现拥有三家濑粉店，两家在高明区，一个在高明区附近的西樵。访谈时间：2018年10月。访谈地点：高明区濑粉小吃店。访谈人：莫小晴。

食气氛，深刻地记载了当地人从饥寒走向温饱的生存历史，蕴含着劳动人民总结过往、向往未来的吉祥寓意，建构了家庭团聚、家族兴旺的美好记忆。个人、家庭乃至家族都以敬畏认真的态度享用濑粉，尊重濑粉文化，逐渐使食用濑粉这一行为成为历史悠久的传统民俗。佛山市高明区濑粉节的成功举办是濑粉饮食民俗与新时代相结合的创新之举，不仅保存和更新了濑粉制作工艺，让更多民众享用这一民间美食，而且通过濑粉节树立了高明区乃至佛山市的品牌形象，为招商引资、休闲旅游、城市建设带来诸多发展机遇。为了解决濑粉节的发展瓶颈，使之发展得更好，需要研究濑粉文化的工艺与历史，为日后的传承及传播提供丰富资源；增强对本地人濑粉文化的传承教育以提升濑粉节的接受度和参与度；借鉴其他饮食民俗的发展路径，更好地向外传播濑粉文化，使高明濑粉节更具生命力。

参考文献

[1] 佛山市高明区史志办公室《高明年鉴》编辑部．高明年鉴2003 [M]．北京：中华书局，2003：45-46．

[2] 东莞市厚街镇文化广播电视服务中心．竹溪古韵 [M]．广州：世界图书广东出版公司，2015：190-193．

[3] 广东省老区建设促进会．广东名优特产推荐 [J]．源流，2010 (24)：52．

[4] 何志勇．一碗濑粉几多高明故事 [N]．佛山日报今日高明，2018-09-07 (B03)．

[5] 刘志文．广东民俗大观 [M]．广州：广东旅游出版社，1993：131-132．

[6] 刘云胜．高明濑粉的传承危机 [N]．珠江商报，2015-10-17 (A5)．

[7] 迈克·克朗．文化地理学 [M]．杨淑华，宋慧敏，译．南京：南京大学出版社，2003：150．

[8] 潘慕英．500年高明濑粉还能"濑"多久？ [N]．广州日报，2013-10-05 (A4)．

[9] 朱利辉，吴建辉，蔡建伟．两万游客共食濑粉 高明濑粉宴获颁"大世界基尼斯之最"证书，日食濑粉10吨 [N]．南方都市报，2009-10-18．

广州市坑口"观音开库"与"生菜会"调查①

观音信仰在广州信众众多，生菜会是岭南独具特色的迎春风俗，"观音开库"与"生菜会"在几百年的民俗活动传承中反映出当地浓厚的商业文明，是广州特有的人文背景与自然环境相结合的产物。2007 年，广州市政府批准广州市非物质文化遗产保护中心申报的民俗"生菜会"为市级非物质文化遗产保护项目。本文搜集、整理广州芳村坑口"观音开库"与"生菜会"民俗活动的资料，并进行实地考察，围绕广州人虔诚的观音信仰与重商务实的岭南文化性格，探讨节日民俗的文化内涵。

广州市芳村区，曾经是花草繁茂的广州郊区，故名芳村。2006 年广州市行政区划变更，芳村区被划入荔湾区，但是广州人习惯以芳村称呼这块区域。芳村坑口村在花地大道中东侧，鹤洞路与浣花路之间。今天这里隶属广州市区，过去却是成片的农田，不仅培植出美丽的花卉和甜美的蔬菜，还孕育出自然清新、活泼明快的民俗风貌。生菜会是坑口村的特色民俗节日之一。

一、广州市坑口的人文生态环境

岭南，是我国南方五岭以南地区的概称，以五岭为界与内陆相隔。岭南大部分地区属亚热带湿润季风气候，以平原丘陵为主，高温多雨为主要气候特征，林木茂盛，百花争艳，植物资源非常丰富，得天独厚的自然气

---

① 在调研过程中，方蕴同学给予笔者大力协助，特此致谢。

候条件适合农耕生产。这里开发比中原晚，加上古代交通不便，五岭阻隔，一直被视为蛮荒之地，保留着农耕文明的自然色彩。同时，珠江三角洲远离中原、濒临南海、毗邻港澳和东南亚地区，商品贸易繁盛，受海外风情熏染，广府民俗表现出一种大胆追求的精神和宽松自由的风格，与在自然经济基础上形成的封闭的中原民俗迥然不同。广府民俗既秉承中原流风，又受异域文化的影响，自成一格，包容创新，古老而又年轻，处处迸发出南北交融、中西撞击的火花（叶春生，2010）。

岭南文化具有多元、务实、开放、兼容、创新等特点，在中华大地独树一帜，既保留了诸多民间信仰，又显示出比较显著的市井文化特征。这种特征的形成，一方面得益于岭南宗教，另一方面则深受岭南商业文化的影响。在古代社会，由于西域与中国内地的交通并不通畅，岭南两广地区成为海外佛教渡海东传中国、中国僧人西行求法的重要通道。因此，岭南地区的佛教信仰十分广泛普遍，并有着极其深厚的社会基础。但在岭南民间的宗教信仰中，精神的依附是短暂的、功利性的，人们在敬奉神明的同时亦沿袭"市侩"的社会风气，这与岭南地区注重商品经济的社会发展模式有很大关系。广州芳村坑口的民俗活动"生菜会"与"观音开库"自然融合，并赋予其新的文化含义，体现出当地人民既保留民间信仰又注重现实的心理特性。

二、广州市坑口"观音开库"与"生菜会"民俗活动的历史变迁

（一）"生菜会"文化探源

中国"食生菜"传统源自立春节气。立春是二十四节气中的第一个，通常是在农历每年正月期间。在古代，从天子到庶民都非常重视立春日的活动。《礼记·月令》载："立春之日，天子亲帅三公九卿、诸侯大夫，以迎春于东郊，还反，赏公卿、诸侯、大夫于朝。命相布德和令，行庆施惠，下及兆民，庆赐遂行，毋有不当"（钱玄等，2001）。虽然广州是一个港口城市，商贸活动在民众生活中占据重要地位，但是这个传统的农耕日依然受到当地百姓重视。

明嘉靖时《广东通志》载："迎春日竞看土牛，老少奔走盈路，啖春饼生菜"（戴璟、张岳等，2006）。康熙十三年《顺德县志》载："迎春……啖春饼生菜"（黄培彝，1992）。之后，光绪五年《广州府志》载："迎春日竞看土牛，或洒以菽稻，名曰消疹，啖生菜、春饼，以迎生气"（戴肇辰、苏佩训，1992）。《花县志》载："迎春，装扮杂剧，迎土牛、芒神于东郊……是日皆以素粉拌生菜啖之，以逐生意"（王永名，1991）。可见，食生菜迎春的习俗由来已久。春天乃万物生发之时，生菜此时也生长旺盛，充满生机，用以"迎生气"是最恰当不过了。而且广州地处湿热之地，饮食以清淡为主，爽甜的生菜是本地人民的主食蔬菜，后来随着商品经济的发展，又把"生财""添丁"之意附会上去（叶春生，2000）。

坑口生菜庙会，1949 年前后均在农历正月二十五至正月二十七三天内举行，"文化大革命"时期中止。1986 年，坑口村率先恢复生菜庙会活动（广东省人民政府地方志办公室，2018）。当下，坑口生菜会被安排在正月二十六，适逢观音诞期，又是生菜产销的旺季，春耕备耕刚开始，还没有进入春耕大忙，是较为适宜的节期。按芳村旧俗，生菜会当天的民俗活动包括吃生菜包、抢炮头、唱戏和舞狮等内容。生菜包取其"包生"之意，据说吃得越多，便能"生"更多的财。"炮头"即烟花升空后掉下来的纸团，据说抢到炮头者这年会添丁发财，抢到炮头的人要到观音庙登记，来年要带贺礼来"还炮"，用八仙台抬进观音庙（广州市文化馆，2009）。生菜会还设有对台戏，现场气氛热闹非凡，哪一台戏演得精彩，观众就转向哪个戏台，演员都着力演出以取悦观众。后来改成连台戏，一排二三台戏同时演出，观众根据爱好自行选择。另外还有附近村民的醒狮会演，数十头醒狮在锣鼓声与鞭炮声中翻腾跳跃，卖武、杂耍等江湖术士也会在此一展身手，常常赢得满堂喝彩。

（二）"观音开库"的文化探源

"观音开库"始于何时，今已无法考，各地至今流传有不同版本的传说。珠三角各地都流传着有关观音赈灾救民的传说，其内容大致趋同，其中佛山南海西樵山的传说较为典型。相传有一年大旱，西樵山上百姓几乎颗粒无收，家家户户断粮停炊。正在百姓饥寒交迫之际，西樵山来了一位美丽的女子。她逐家逐户送米、送钱，救济百姓。百姓惊喜之极，却又感到非常奇怪，因为女子的米袋和钱袋并不大，可是里面的米和钱却源源不断。救济完百姓后，已经是黄昏时分。女子面带微笑，向山上村民挥手告别，翩然远去。此时，天空突然出现彩霞万道，灿烂的光束射向大地，女子变成一位法相庄严的菩萨合掌微笑。大家这时候才明白这名美丽女子是观音菩萨化身，前来救苦救难。这一天是正月二十六。民间相传还有"考验观音"一说：观音在修道时，有五百位护法罗汉，为了要考核观音的修行成绩，特意化成和尚去观音庙化缘。观音素以慈悲为怀，见来了五百个和尚，就大开仓库，满足他们所需。百姓闻之，亦纷至沓来，穷苦人家从此解困。此后，百姓约定正月二十六为"观音开库"日，即观音大开库门之时。善信们选择这一天参拜观音，希望"借库"后能够财运亨通。

观音信仰随佛教传入我国以来，民间信奉者众多。邢莉在《观音：神圣与世俗》一书中概括了观音的护佑功能：救助一切于痛苦困厄之人；急人所急，难人所难，随时解救人的一切困厄；抢险救厄不为己、不为利、不图报（邢莉，2001）。百姓在生活中遇到各种困难，在现实中得不到援助，向观音"借库"隐含着祈求观音菩萨在冥冥中护佑自己渡过难关之意。虔诚的观音信仰是观音开库习俗的精神根源。

（三）"生菜会"与"观音开库"

根据地方志记载，在明代，人们于立春这天举行"啖生菜"的活动，此外还举行迎土牛、撒谷豆、吃春饼等活动。这些仪式充分体现了在传统农业社会里，人们渴望崭新的春天，企盼丰收。到了清代，迎春活动才开始与观音信仰融合。1929 年第 78 期《民俗》中提到"广州俗例以二月二十四日为送子观音诞日。各乡男女集于一处，此会名曰生菜会。'生菜'与'生仔'其音相同，赴会者多购生菜归，以为生子之兆。此会设一小池，预先放下许多蚬与螺，赴会者探手水中，摸得螺者生子，得蚬者生女"（李圣华，1929）。而两者的结合，不仅由于诞期相近，还因为粤语中"生菜"与"生仔"谐音，有个好意头。"观音开库"祭拜仪式成为"生菜会"活动内容之一，这不仅体现了宗教信仰与民间信仰的结合，也体现了民间信仰的实用性。广州人向来非常注重"意头"（彩头），在后世的发展中，因为"生菜"与"生财"同样谐音，"借库"的粤语谐音是"借富""借福"，由此看来，"生菜会"与"观音借库"的愿望不谋而合。观音菩萨送子与百姓食生菜给家庭带来兴旺、生机之意刚好相契合，于是两者合二为一。据调查，这个转变是在 20 世纪 80 年代，生菜会便成求财的节日（白海英，2008）。

"生菜会"与"观音开库"合二为一，节日内容更加丰富精彩，活动形式更加多样，吸引四方八面的群众来参与仪式、烧香许愿。在新春正月举行生菜会和观音开库祭拜活动，既代表新的一年家族的繁荣，也昭示了收获的丰裕。这个民间节日，为一年四季忙于农活的老百姓提供了休闲的机会，让他们与亲朋好友共聚美好时光；同时大量的人流也带来商机，吸引了商人在这里摆摊设点，推销商品。"生菜会"与"观音开库"的融合不仅是"节气"与"神诞"的有机结合，更是全民狂欢的节日。

三、广州市坑口"观音开库"与"生菜会"民俗活动现状

（一）观音开库，世人借库

每逢正月二十六早上，人们到观音庙进香，祈求观音菩萨开库"借钱"。先在专卖纸制祭品的摊档买一套纸祭品，拜观音的金银衣纸祭品（见图 15）包括观音衣、大光宝、寿金、长禄马、圆禄马、转运宝牒、百解符、贵人符等。如果没有这么完备，至少要包括纸叠的船、元宝、路路通、各色纸符、香烛以及一张观音金库借据。祭拜者首先点燃红烛，叩拜三次，再插在香炉上；其次点燃檀香三支，也叩拜三次，插在香炉上；再次念咒诵经，流行的经文有《心经》《观音心咒》《六字大明咒》，效力一样，跪在观音像面前诚心祈求观音菩萨保佑；接下来把除了观音金库借据和香烛以外的所有祭品塞入焚烧炉焚烧，再念《观音心咒》，默默许愿（见图 16）；最后在观音金库借据上写上时间、姓名、所借钱数（见图17），带回家压在自家的观音像下面或者高挂。年底还要到观音庙"还库"，把年初那张写着借贷数目的黄纸烧掉，并实现借库时许下的诺言即可。

图 15　金银衣纸祭品（图片由方蕴提供）

图 16　信众场内祭拜（图片由方蕴提供）

　　出于用火安全的考虑，芳村坑口生菜会不容许在观音庙内自行焚烧金银衣纸，只能烧香拜佛。虽然这一规定让生菜会失去很多古老的味道，但为了安全人们都乐意接受。可是也有十分虔诚的信众认为只有在场内祭拜才会得到神灵的庇佑，于是就有店铺为客人提供代焚烧服务，客人只需把名字和心愿写到祭品上，交给店主，店主们等晚上人流较少时，择良辰统一开炉焚烧。

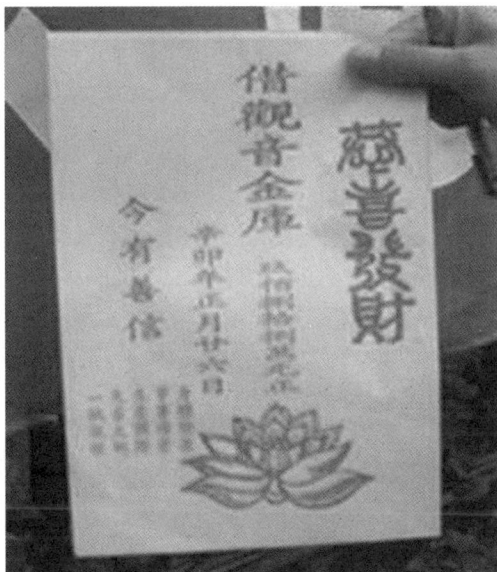

图17 观音金库借据（图片由方蕴提供）

（二）食生菜包

生菜会上人们通常食用生菜叶包馅料制成的生菜包。生菜包的材料几乎都含有寓意，如生菜寓生财，粉丝象征长寿，酸菜表示子孙，蚬肉表示显贵发达，韭菜表示长长久久，均取自粤语谐音。客人热热闹闹地共享生菜席后，还可以外带生菜包回家与家人分享。为了博个好意头，人们通常买一捆有根的生菜带回家，寓意生生猛猛，还要买葱和芹菜，寓意聪明、勤快，有时还买象征生子的慈姑和利是封或无字红纸，寓意满载而归（见图18）。而当各地乡民汇集至坑口观音庙前祈福许愿时，村民

图18 卖生菜包材料（图片由方蕴提供）

便向来宾派发生菜，希冀人财两旺，长久发达。

（三）醒狮表演

醒狮表演主要通过两人覆盖狮被，一人擎狮头，一人盖狮尾，模仿狮子的各种动作，表演狮子的神态。其传统技艺有"出洞""行礼""上山""巡山""见青""喜青""探青""采青""戏青""醉青""谢礼""归洞"等，尤以"采青"动作难度最大。由于城乡改造和地域限制，狮队表演亦考虑到安全隐患而缩小规模。但即使只有一两头南狮亦舞得精彩，在锣鼓喧天、鞭炮齐鸣中，舞狮者以扎实的功底，活灵活现地表现狮子的活泼、好奇、勇猛、贪玩等，让游人流连忘返，营造出龙腾虎跃、步步高升的喜庆氛围。

（四）摸螺求子

参拜观音完毕后，传统节目"摸螺摸蚬"引来大批祈求儿孙满堂的善信。坑口观音庙附近有一个大石槽，深约1米，在生菜会上人们在此处灌满清水，预先放无数蚬螺。相传在"观音开库"这天妇女到庙旁的小池里摸一把，第一把摸到螺的人将生儿子，而摸到蚬的人会生女儿。现在此习俗逐渐有了娱乐意味，在街边常见商户用水桶自装螺蚬，引游人一试，自娱自乐（见图19）。

图19　摸螺摸蚬（图片由方蕴提供）

（五）烧大香

拜祭观音时，人们将元宝、蜡烛、冥纸等投入火炉焚化，然后点燃大小香。人们把小香插在香炉上，大香带回家插在门口，直到烧完为止，意为将借到的财和运带回家，护佑家庭兴旺发达。香越大越显诚心，一支半径三厘米的大香可以烧整整一个晚上，大香上还印有"丁财两旺，有求必应，身体健康"的字样，于是在芳村坑口的生菜会上，不少人肩上扛着一根粗如小腿、长达两米的大香在拥挤的人潮中走动，脸上都是心满意足的神情（见图20）。

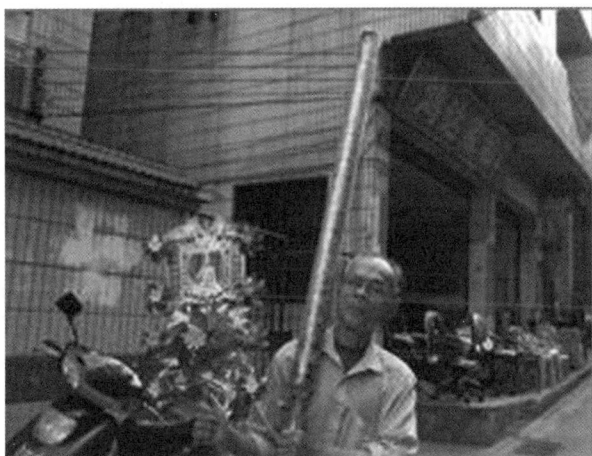

图20　带着风车和大香回家（图片由方蕴提供）

四、"观音开库"与"生菜会"民俗活动的文化内涵

（一）虔诚的观音信仰

早在汉代，广州就与东南亚诸国贸易频繁。清政府为加强防范，巩固国防，乾隆二十二年（1757）实行了广州一口通商。鸦片战争之后，广州成为第一批开埠的城市。悠久的对外交流历史，决定了广州是一个文化包

容性很强的城市，但同时广州也保存了丰富的传统民俗文化。比如虽然兴建了一些欧式教堂，但是佛教寺庙依然是宗教建筑的主流。广州城中的光孝寺、华林寺、大佛寺、海幢寺、六榕寺有"五大丛林"之称，香火鼎盛。民间通行一种"禀神"和"还神"的祭祀形式。如果在生活中遇到难题，人们常常到寺庙中向神佛禀告，祈求神灵护佑，事成后还要举行"还神"的仪式，以烧猪果品答谢。

观音菩萨是中国佛教四大菩萨之一。观音信仰糅合了儒家的孝亲观念，道家的祝咒、符箓、占卜，佛教的慈悲观、生死轮回观、因果报应观等。广州人不仅在寺庙中供奉观音神像，很多家庭还将其供奉在家里的主神位上，日日上香膜拜，非常虔敬。坑口生菜会以向观音祷告的形式，信众向观音借钱渡过难关，同时祈求观音菩萨保佑家人安康、生活安宁、添丁发财。清代，观音信仰融合到生菜会这个民间庙会中，为其注入了强大的信仰内核，也为人们提供了向往美好幸福生活的一种精神寄托，增强了生菜会的影响力和生命力。

（二）商业意识与财富观念

庙会吸引大量民众参与，人们聚集到一个地方就会有商品交换，进而产生了市场，使庙会具备了商业贸易功能，尤其在商业不发达的农村或较偏僻地区，庙会兼起商品交换的作用。芳村坑口曾经是广州的城郊地区，交通不便，货物流通量小，庙会的商业功能尤为明显。生菜会会期正值春耕时节，人们除了拜神祈福，同时还购买种子、农具等各种春耕物资。小摊贩也能乘机做各种生意，沿道路两侧摆卖风车、香烛、祭品、佛像、挂饰、生菜、竹编等物品。近几年，芳村坑口被纳入广州城市管辖地区，经济逐步发展起来，生菜会的贸易功能也随之下降。但生菜会期间游客数量激增，观音庙里烟雾弥漫，人潮熙攘，提供了大好商机。密密匝匝的小摊贩沿道路两侧一直延伸到村口牌坊处，摊位数量众多，各种商品琳琅满目（见图21、图22）。广东人的经商意识是生菜会经久不衰的重要原因。

图21 各种避太岁福物（图片由方蕴提供）

图22 小摊贩售卖的商品多有招财之意（图片由关溪莹提供）

生菜会还展示了民众的财富观念。生菜会的主题与"生财""生仔""生意"紧密相关，各种活动、器物多与财运有关。受中国港澳及海外贸易文化影响，广州人谈起钱财并不羞于出口，这与重农抑商的儒家文化差异很大，没钱就没法做生意，所以人们堂而皇之地向观音借钱。每当观音开库日，大凡穷困潦倒、诸事不顺利，或做生意银根短缺、周转不灵者，早早就备好观音衣纸，并在借条上写明自己的姓名、住址、出生日期、请借金额。金额数目一般与"八"有关，粤语谐音"发"，寓意发财。另外"观音开库"的借贷数目是没有限制的，据称天上与人间的计算方法不同，可借"百万""千万"，但不得超过"一亿八千万"。信徒们认为在观音面前不能太贪心，必须保持虔诚谦虚的心态。在离开观音庙之前，要向观音许下承诺，无论愿望是否实现，年底都要回来酬神。"有借有还，再借不难"是商品经济衍生出的一种讲诚信的财富观念，突出了广州人独特的思维特征，也显现出了当地务实重商的民俗特点。

（三）重嗣恋家的儒家伦理

广州地处中国的南部沿海地域，远中原近港澳，使岭南文化受到政治风潮的熏染较小，较多地保存了传统民俗文化，比如中国人重血缘亲情，"不孝有三，无后为大""多子多福、养儿防老"等传统生育观念对广州人还是有一定影响的。生菜会不仅求财也求子，这是中国人几千年来根深蒂固的文化情结，希望由子孙来继承家业，延续家族血脉。还有不少信众前来祈求家庭幸福、家人安康。向观音许愿，无论借财富、求生子还是祈转运，归根到底都是希望亲人能够生活美满，家族能薪火相传、生生不息。在庙会现场，经常可以看到一家人一起来祭拜，其乐融融的家庭氛围令人羡慕；即便年轻人因为工作繁忙不能赴会，老一辈也会默默地为儿孙祈福，买一个彩色的纸制风车，手持风车不停转动，象征为亲人转运，把如意吉祥带回家。可以说，生菜会是家庭的节日，承载着广州民众重视家庭和亲情，心甘情愿地为家庭奉献的儒家伦理道德思想。

（四）直爽实在的地域性格

广州人的"生财情结"是在商业气氛浓重的社会背景下产生的，做生意常常牵涉钱财、借贷等金额交易，就是要图个彩头才会心安，并不怕被说成是封建迷信、落后思想。广东民间不仅立梁、嫁娶、拜祖等大事要择吉日看时辰，日常生活也要处处讲究"意头"。从生菜会的内容和吉祥物可以看出，广州人特别注重意念中的"好彩"与"运数"（周翠玲，1999）。通过"生财""借福"这些谐音来讨个口彩、避开忌讳，处处都体现一种功利的心态。与传统儒家文化讲求含蓄不同，广州人面对自己对于财富的渴求时，会比较诚实地表露出来，而不会掩饰，也不会拐弯抹角，这体现了广州人直爽不造作的性格特征。近些年前来参与生菜会的人越来越多，不仅广州本地人络绎不绝，四乡民众也积极参与，甚至广东临省以及港澳、东南亚各地善男信女也会专程赶来参加。广州人喜欢热闹，喜欢聚集人气，坑口生菜会正提供了这样一个广交四海朋友、接触多元文化的机会（见图23、图24）。

图 23　手持转运风车的一家人（图片由方蕴提供）

图 24　观音庙前的人潮（图片由方蕴提供）

五、"观音开库"与"生菜会"民俗活动的价值与前景

岭南文化是中华文化的重要组成部分，南粤深厚的人文历史底蕴给我们留下了极为丰富的非物质文化遗产，生菜会也在 2007 年被认定为"广州市非物质文化遗产"。近年来，广东省致力打造文化强省，积极推进非物质文化遗产保护工作，营造良好的文化生态环境。坑口生菜会从几百人的乡间庙会发展到数万名海外信众慕名而来的民俗盛会，广州政府在弘扬本土传统文化上下了不少功夫：打造地方特色文化品牌，利用举办亚运会的机遇重新改造旧城区，注重文化遗产的保护和利用，目的是提高历史文化名城影响力。生菜会的知名度日益提高，使国内外民众对广东地域文化有了进一步认识，加深对其了解的兴趣，促使广东文化的软实力得到提高，增强了地域文化的影响力。

生菜会是广东的一大民俗特色活动，不仅在广州芳村坑口有祭典庙会，在广州番禺沙坑、佛山南海官窑、佛山顺德连杜等周边地区也有举办。尽管各地的会期有所出入，活动内容亦有所变化，但基本内容和目的大体相同，皆为求财求子。说明生菜会这一民俗活动得到广东人民的一致认同，并借这一形式来维系社区的精神联系，提高社区的凝聚力，延续了文化传承。

"观音开库"与"生菜会"作为地域色彩浓厚的民俗活动，不仅植根于当地人民的心里，也形成民俗旅游的热门项目之一。"旅游搭台，经贸唱戏"的现象在商贾之风盛行的广州并不罕见，靠民俗旅游拉动其他产业经济增长是一次成功的尝试，在饮食、住宿、购物、交通、就业、招商引资等方面都收获不小。"观音开库"与"生菜会"以其丰富的活动内容体现岭南固有的、独特的文化底蕴，成为广州民俗旅游系列中的亮点，是一种独特的文化体验活动，不仅能给异域游客新鲜感和吸引力，还宣扬了广州的民俗文化，吸引着越来越多的国内外游客来粤观光旅游，从而构成了良性的循环体经济。

六、结语

"观音开库"和"生菜会"是岭南地区正月里举办的独有的大型民俗活动，是民间信仰与春游庙会相结合的民俗盛会。通过对广州芳村坑口"观音开库"与"生菜会"的活动考察，呈现出广府文化中的观音信仰、财富观念、家族意识、重商务实等文化情愫和地域性格。受广州千年的古港积淀、长期商贸之风影响，这一民俗节庆呈现一种传统与现代并存的状态，既注重文化内涵的传承又重视经济效益的体现。民俗活动起源于民间、发展于民间、传承于民间，当地居民的主体意识和认同感决定了它的生命力。为了唤起全体社会成员对民族文化遗产的热爱，我们应当深入挖掘生菜会这类非物质文化遗产的多重价值，将其融入社会生活而非隔绝在保护层里，以便增强广大群众的文化保护意识，使那些处于濒危状态的非物质文化遗产得以延续并发扬光大。

参考文献

[1] 白海英. 传统的再生与复兴："生菜会"流变考 [J]. 广西民族大学学报（哲学社会科学版），2008，30（A1）：11 - 12.

[2] 戴璟，张岳，等纂修. 广东通志初稿·卷十八风俗 [M]. 广州：岭南美术出版社，2006：340.

[3] 冯沛祖. 慈爱人间：广东观音诞与观音开库 [M]. 广州：广东教育出版社，2009：92，135 - 144.

[4] 广东省人民政府地方志办公室. 广东印记（第 1 册）[M]. 广州：广东人民出版社，2018：155.

[5] 王平. 广州市非物质文化遗产名录图典 2006—2008 [M]. 广州：广州出版社，2009：168 - 172.

[6] 黄培彝，修，严而舒，纂. 顺德县志 [M] // 中国地方志集成：广东府县志辑（第 31 册）. 南京：江苏古籍出版社，1992：82.

[7] 戴肇辰，苏佩训，修，李光廷，史澄，纂. 广州府志 [M] // 中国地方志集成·广东府县志辑（第 1 册）. 南京：江苏古籍出版社，1992：267.

［8］李圣华. 观世音菩萨之研究 ［J］. 民俗，1929（78）：5-23.

［9］钱玄，等注译. 礼记 ［M］. 长沙：岳麓书社，2001：199.

［10］王永名. 花县志 ［M］//丁世良，赵放. 中国地方志民俗资料汇编（中南卷下）. 北京：北京图书馆出版社，1991：685.

［11］邢莉. 观音：神圣与世俗 ［M］. 北京：学苑出版社，2001：15-17.

［12］叶春生. 岭南民间文化 ［M］. 广州：广东高等教育出版社，2000：200-211.

［13］叶春生. 岭南春节风俗嬗变的动因与中介 ［J］. 河南社会科学，2010（1）：36-39.

［14］周翠玲. 从宗教到迷信：论岭南民间的信仰特质 ［J］. 广东社会科学，1999（6）：89-94.

第二编
人生仪礼与民间信仰

东莞望牛墩镇七夕贡案的历史流变与现实样态①

> 东莞望牛墩镇"乞巧节"在 2007 年 11 月入选广东省第二批非物质文化遗产保护项目。七夕贡案是望牛墩镇七夕节的特色民俗之一。本文以望牛墩镇七夕贡案民俗为切入点，全面介绍望牛墩镇七夕贡案的形式和特点，深入剖析七夕贡案的发展现状，更好地促进当地贡案文化的传承和创新。

望牛墩镇位于广东省东莞市西北部，早期由东江支流向下冲积形成的土洲是望牛墩镇的雏形。望牛墩于宋代始立村，至今已有八百余年的历史。村民以种植水稻为主，日常耕种时，农民们都习惯站在一个土墩上观望牛群，望牛墩因此而得名。从"鱼米之乡"发展为新兴的现代工业城镇，望牛墩镇积聚了丰厚的民间文化底蕴，在 2007 年获广东省文学艺术界联合会授予"广东省民间艺术乞巧之乡"的称号。望牛墩镇"乞巧节"在同年 11 月被列入广东省第二批非物质文化遗产保护项目。七夕贡案是望牛墩镇七夕节的特色民俗之一，2012 年望牛墩镇七夕贡案《仙凡缘》荣获"第十届中国民间文艺山花奖·优秀民间工艺美术作品"。

一、望牛墩镇七夕贡案概述

七月初七乞巧节是在我国广泛分布的古老习俗，乞巧是传统七夕节日的最主要内容，还包含拜星祈愿、穿针乞巧、晒衣曝书、结喜蛛等民俗活动。汉代《西京杂记》中描述："汉彩女常以七月七日穿七孔针于开襟楼，

---

① 感谢吴紫程在本文调研过程中给予大力协助。

人俱习之"（葛洪，1993），说明在东汉，女子于七夕穿针乞巧的习俗已广泛流传。南朝梁宗懔《荆楚岁时记》中记载道："是夕（七夕），妇人结彩缕，穿七孔针，或以金、银，鍮石为针，陈瓜果于中庭以乞巧。有喜子（蜘蛛）网于瓜上，则以为符应。"（宗懔，1986）可见七夕不仅有乞巧习俗，而且是充满吉祥色彩的民间祈福节日。宋朝时期打破唐朝的坊市制藩篱，城市生活在空间和实践上都获得了空前的自由，宋代七夕盛况空前，涌现出谷板、终生、磨喝乐等众多新生节物，将来自其他国家的异域风俗融入中土节俗。自西晋灭亡后，大量的门阀追随东晋王朝向南迁移。后来又经过几次中原一带及长江流域士人大规模的南迁，七夕文化被带到今天广东之地。

"天上佳期逢七夕，人间乞巧拜双星"，七夕乞巧节习俗在望牛墩镇沿袭久远。东莞词人邓尔雅在《癸亥（1923 年）七夕竹枝词》记载东莞家乡风俗云："纸醉金迷斗巧工，民间俗尚仿深宫。改将七夕从初六，南国犹存五代风。"（邓尔雅，2005）民国《东莞县志》记载："七月七曝衣、书。其夜，女儿夜穿针、结彩，为乞巧会。"（陈伯陶，2003）"文革"期间乞巧习俗一度废止，到 20 世纪 80 年代开始才稍复兴起。从 2004 年起，望牛墩镇政府加大对传统文化的重视力度，竭力挖掘传统文化，积极响应市委市政府"一镇一品牌"的号召，以七夕文化为载体和平台，对传统民俗节日——七夕节进行重新策划、打造和包装，不断注入新的内容以丰富其内涵。

望牛墩镇的七夕乞巧习俗的主要表现形式可以概括为："摆七姐（摆贡案）——睇七姐（摆贡案）——拜七姐。"七夕节前，邻里姐妹筹集经费，备办各种物品。七夕当晚，在案台上摆放好馒头、花卷、金猪、七种花卉、七种水果，这叫"摆七姐"。规模较大的"摆七姐"叫"摆供"，摆供除供品较为丰富外，还摆出姑娘们精心制作的工艺品，如用谷物砌成的香烛，用蜡塑造成的各种人物和动物等供人观赏，这就是七夕贡案。入夜，三五成群的少男少女、邻里乡亲观赏各台七姐贡案，叫"睇七姐"。子夜时分，姑娘们穿戴一新，对天膜拜，祈求赐福，接着洗面、穿针等，这叫"乞巧"，又称"拜七姐"。"拜七姐"，其实就是以贡案为平台进行拜祭仪式。拜祭前需要先喝口糖水，然后再用用香浸过的水洗手。拜祭时要诚心诚意地三叩九拜，心中祈愿心灵手巧、婚姻幸福。拜祭仪式过后，人们安静地坐在祠堂里，等待派发物品。接下来，祠堂的长老会把贡案上的物品分派到每个拜祭人的手上。据说得到贡案贡品者，都会受到七仙女的眷顾和保佑。七夕乞巧节的准备、仪式、终结都围绕贡案进行，七夕贡案是节日中最核心的部分。

二、望牛墩镇七夕贡案的乡土特色

传承了几百年的七夕贡案习俗从组织到形态都有约定俗成的传统，也形成了望牛墩镇鲜明的乡土特色。

从组织方式看，望牛墩镇七夕贡案有四种组织形式：一是家庭式。一家一户摆设一张八仙台，铺上一张大红布，挂上神台围巾，摆上七种鲜花、七种水果、七只茶杯和自己别出心裁制作的巧物。姑娘们通过手工制作的贡品，相互乞巧、赛巧，祈求得到人神共赏，形成"七夕贡案"。在农历七月初六交子时辰穿上新衣服，带上新手绢，净手焚香，口念祭文。二是七家姐妹联合式。七个姑娘共摆一台，多用2～8张八仙台摆设，同样于初六夜晚交子时辰穿上新衣服，带上新手绢，净手焚香，口念祭文，七人结成一队，拜祭"七姐"。三是养"七姐猪"，集体摆贡案。以全村"轮猪"的形式筹集资金，即由集体出资购买猪苗多头，然后让各家各户轮流喂养，到七月初六前杀猪筹备资金。农历七月初六，所有制作完成的贡案物品会在祠堂摆放展示。在祠堂大厅的正中间摆十余张八仙台作为贡案桌，桌上铺上大匹鲜红的布，上面摆放七只茶杯、七样水果、七种鲜花。鲜花摆成一个圈，里面放着两个大花瓶，花瓶里插着鲜花，心灵手巧的妇女们会把这些花枝编成花桥。最后是一对红色蜡烛，中间摆放着一个大铜香炉。贡桌两侧会摆放七把红木椅，木椅后面挂着七件不同颜色的古代服饰。每件古服旁都配上一张梳妆台。梳妆台上整齐地摆放着一些旧式化妆物品，如木梳、胭脂、发簪等。四是由政府出资在镇中心文化广场摆贡案。随着时代的发展及生活水平的提高，七夕摆贡案由民间习俗变成政府行为。望牛墩镇由政府出资来鼓励各村传统手工艺人合作一台贡案或各村出一台贡案到镇中心文化广场设置特色贡案展。七月初六，各村乡亲将贡案摆放在文化广场，晚上以文化中心为舞台举行大型七夕联欢晚会。在晚会上先进行祈福仪式，然后举行拜祭仪式，拜祭仪式结束后进行贡案展演，同时在望牛墩电视频道同步播出。

从具体形态上看，七夕贡案有四种形态，一是以果品斋菜供奉"七姐"。取用传统祭祀的必需品，包括茶酒斋饭、金猪、时令瓜果、羹汤、冬菇、金针等斋菜，意请"七姐"下凡享用。二是龙狮贺节。手工制作龙、凤、狮等民间吉祥物摆放在贡案中间，营造节日气氛，也有民间组织自发组成的舞狮队，或由村委会出资聘请舞狮队于七月初七早上在村中心广场进行舞龙贺狮表演以示庆祝。三是摆五谷丰登等手工艺品。用大米、红豆、绿豆、玉米、花生等制作"五谷丰登"，表示人间丰衣足食；也有用瓜子、花生、冬菇、红枣、红豆、橄榄、谷粒等堆砌而成的七层或九层斋塔，将斋塔摆放在贡案前端供奉"七姐"；还有手工制作七种花、七种果、七双绣花鞋、七张台椅、七套衣服，向"七姐"进贡，共享人世幸福。四是重现鹊桥相会场景。将手工制作的牛郎和织女模型放置在编好的鹊桥上，重现经典爱情的相聚场景。

经过多年传承，望牛墩镇七夕贡案形成了富有乡土特色的三个特点。第一，所有巧物均以农作物和生活中的废旧物品作为制作材料，由民间艺人手工制作而成。塑料泡沫作底，废铁丝作茎，彩纸折百花，以白米砌菊花，剥洋蒜衣作莲花，以鸡蛋壳制灯，以冬瓜瓜仁镶龙柱，以染色灯芯作凤烛，蚬壳粉制芙蓉吐蝶花，手绣小花鞋等，不断丰富乞巧节的形式内涵，尽显民间乞巧之美（见图25、图26）。

图25　芙蓉沙村贡案作品（图片由吴紫程提供）

图26　官洲村贡案作品（图片由吴紫程提供）

　　第二，贡案多以望牛墩镇的乡村生活场景为题材。望牛墩镇以水牛耕作闻名，在乡民制作贡案里有很多晴耕雨读、男耕女织的生活场景，如农舍、田地、耕牛、纺织机等。人们在平板上铺一层肥沃的土壤，然后撒些麦、粟或豆子的种子，每天精心照看浇水，等待发芽。当种子冒出头，就在板上放上各种微缩的房子、井、牛、农夫，将望牛墩的农耕、水车、稻田、鱼塘、新农村建设等场景都活灵活现地展现给游人（见图27）。结合望牛墩镇各村的时代变化，村民们制作了富有本村特色、美轮美奂、符合时代风貌的特色贡案，将美好的村落记忆展现在年轻人面前（见图28）。

图27　谷板上的望牛墩镇生产场景（图片由吴紫程提供）

图28　谷板上的望牛墩镇远景（图片由吴紫程提供）

　　第三，望牛墩镇贡案从原材料、主题、场景设计到人物形象，不断采用高科技手段制作。首先从原材料上看，因为传统谷板制作各种农作物会因时间流逝而枯萎凋谢，保存周期短。望牛墩贡案传统谷板的土壤被泡沫底层替代，以各种塑料小制品以及其他一些生活废品作为制作材料，使用小电路设备照明，营造农舍的发光效果。其次，各村在贡案的制作上既保留传统又推陈出新，融入休闲宜居新农村、精神文明建设、十九大等不同时代主题，让人们充分感受到浓厚的水乡和七夕文化氛围中的望牛墩镇崭新的精神风貌，如石排、赤窖、五涌、下漕等村的贡案中，都在传统的七夕元素基础上融入了社会主义核心价值观元素；朱平沙村的贡案里添加了新建的农民公寓和建设好的东莞西站模型，这些新创作不仅丰富了贡案的形式内涵，也进一步向游人宾客展示了民间艺人之巧手。同时，价值观元素与传统文化元素巧妙地搭配，紧扣时代主题，把优秀传统文化与社会主义核心价值观相结合，在潜移默化中传递时代正能量（见图29、图30）。

图29　朱平沙村的贡案作品融入高铁元素（图片由吴紫程提供）

图30　"印象望溪，风情岭南"贡案作品（图片由吴紫程提供）

三、望牛墩镇七夕贡案的当代价值

中华优秀传统文化是我们最深厚的文化软实力。绽放中华文化魅力、展现时代风采，就需要结合时代要求继承创新、深入挖掘中华优秀传统文化蕴含的思想观念、人文精神和道德规范。作为民族的精神源泉，传统民俗文化的重要性得到了凸显。它在紧张的城镇生活节奏中，平复了民众内心的不安，带来精神层面的慰藉以及满足民众日益增长的文化需求。七夕贡案习俗在东莞市望牛墩镇传承已久，到21世纪依然生机勃勃，它凝聚了民众对昔日乡村生活的美好回忆；承载了勤劳节俭、聪慧乐观的中华美德；呈现出东莞人对家乡的文化认同；也在潜移默化中拉近着邻里关系，共同品味乡愁，培育爱家爱乡的朴素情感。作为广东省的非物质文化遗产，七夕贡案是望牛墩镇的文化名片，寄托了东莞人的乡土情怀，需要政府、民众、学者整合社会力量共同保护和发展。望牛墩镇自2004年8月举办首届七月七民俗风情节至今，已成功举办过十余届大型七夕风情文化节活动，通过把七夕贡案打造成望牛墩镇兼具特色、魅力和影响力的文化活动品牌，增强经济支撑力，让品牌文化与经济建设相结合，彰显出乡村非物质文化遗产的影响力和贡献力。

参考文献

［1］陈伯陶．东莞县志·卷九［M］//中国地方志集成：广东府县志辑（第19册）．上海：上海书店出版社，2003：88.

［2］邓尔雅．癸亥（1923年）七夕竹枝词．转引自何嗣立．东莞竹枝词［M］//杨宝霖．东莞诗词俗曲研究．乐水园印，2005：597.

［3］葛洪．西京杂记全译［M］．成林，程章灿，译注．贵阳：贵州人民出版社，1993：17.

［4］宗懔．荆楚岁时记［M］．姜颜稚，辑校．长沙：岳麓书社，1986：44.

广州世居满族文化重建过程中的信仰变迁

广州世居满族是乾隆二十一年（1756）驻防广州的满族八旗兵的后代，在移民广州后的两百多年间，他们的民俗生活世界发生了巨大改变。本文对其信仰世界的流变、现状与特征进行了描述和分析，认为强化观音信仰是这个城市中的异质族群适应新的生活环境的手段之一，是他们强化族群认同，在移入地广州构建新的民俗生活世界的重要举措。

据《驻粤八旗志》记载："清康熙十八年（1679），三藩难平，中原大定，分遣八旗驻防边腹，二十年（1681）广州派京旗汉军三千，挈眷来粤。后经七十五年，迄至乾隆二十一年（1756）裁汰汉军之半，调京旗满洲兵一千五百名，挈眷来粤合驻，将汉军出旗名额，即以满兵顶补。"（汪宗猷，1990）第六次人口普查数据显示，2010 年，广州满族人口有 8 949人（广州市统计局，2011），这其中包括中华人民共和国成立后因为求学、就业、工作调动等从其他城市迁居广州的满族人士，但主要是世居满族，即乾隆二十一年分批从北京和天津一带派驻广州的八旗官兵的后裔。

如果按照其生活区域的变更可以将他们的发展划分成三个阶段：

（一）东北生活阶段。从建州女真南迁开始（1423），经努尔哈赤进驻辽沈地区（1625），到皇太极建立大清国，改族名为满洲（1636），至满人入关之前。

（二）京津生活阶段。从清军入京，建立清王朝（1644）到满汉八旗兵被派驻粤（1756）之前。

（三）广州生活阶段。1756 年至今，满族八旗兵丁落户广州两百余年，成为世居民族。

生态环境的急遽变更和时代风潮的几度变幻，重新模塑了这个城市世居少数民族的民俗世界，他们在广州生息的两百多年中，有的传统民俗逐渐消亡，有的发生较大变异，但观音信仰一直深深扎根于他们的精神世界里，今天仍然活跃在广州世居满族民众的生活中。

一、广州世居满族信仰的流变

信仰是一个民族的灵魂，是保存民族特征、延续民族意识的重要民俗事项。满族民众在离开东北之前一直以信奉萨满教为主。萨满教是满—通古斯语族信奉的一种氏族的自然宗教，因满—通古斯语族各部落的巫师被称为"萨满"而得名，它的祭礼，崇奉祇、神谕、神器以及主祭人——萨满都是氏族内世代相袭的。其所尊崇的神祇可分为自然神祇、动植物神祇、英雄祖先神祇。自然神祇有日、月、星辰、光、水、雷、电、雹、雪、风、雨、石、山、河、海等自然物和自然现象，以火神为首神；动植物神祇有虎、豹、狼、水獭、蟒、蛇、鹰、雕、乌鸦、喜鹊等，以鹰神为首神；英雄祖先神祇有的是部落英雄，有的是氏族祖先（王宏刚、富育光，1991）。萨满教的核心是萨满巫术和萨满：

"萨满教的祭祀把超自然对象当作遵从和服侍的目标，而萨满巫术却把这些对象当作为现实需要服务的中介力量，并相信人能掌握并以实践上的操作技巧控制这些超人间的力量，从而为现实的某个人或某个群体的利益服务。"（孟慧英，2000）

清军入关后对本民族的宗教信仰采取双重策略进行改革。一是规范萨满教。经过努尔哈赤、皇太极直至康熙、乾隆诸帝王相继努力，在满族各姓氏原来的祭祀传统上，以民族宗教大法形式制定了《钦定满洲祭神祭天典礼》。这是萨满教的第一部全民性祭祀法典，对满族民间的萨满祭礼产生了深刻影响，简化了祭祀程序，割断了诸姓氏与远古蒙昧祖先的联系，确立了满族各姓趋于一致的家祭传统。二是引入汉族神祇。清初最受统治者推崇的汉族神是关公。关公是中国传统文化中忠义的典型人物。清统治者为提高民族的道德观念，培养忠义之上，以关公为典型加以崇拜，于各地建关帝庙，悬挂"义高千古"的匾额。顺治九年册封关公为"忠义神武关圣大帝"，清代历代统治者不断予以加封，以每年五月十三日为祭日，祭祀时行三跪九叩礼。

因此，在京津的八旗军营中，民间信仰呈现出比较复杂的状态。金启孮先生在《京旗的满族》中记载的京旗满族信仰的神主要有四位：关帝、财神、灶王和茅姑姑（金启孮，1991）。

用满汉神祇杂糅共处、功能共享可以概括京旗满族民众的信仰状态。虽然身处汉族地区，上层文化也极力推崇某些汉族神祇，古老的、具有显著民族性和地域性的民间信仰并没有立即消失，而是改头换面，重新做"神"。神异作祟的狐仙成了财神，专管家畜的茅姑姑则专司针线了。京旗满族民间信仰的另一个特点是信众与神祇的交流互动明显强于汉族的民间信仰。为了防止灶王爷上天庭告状，信众用关东糖粘住他的嘴巴，还不放心地叮嘱："灶王爷上天，好话多说，不好话少说。"把"上天言好事，下界保平安"的颂扬变成用实际行动来告诫；京旗的小姑娘给茅姑姑送自己做的第一双小鞋的时候，也要说："茅姑姑教我巧，我给茅姑姑做到了；茅姑姑教我拙，我给茅姑姑拆了窝！"满族先人一直地处边域，受汉文明的浸染较浅，思想上没有礼教的重负，对神祇的尊崇中夹带了些许戏谑成分；而且满族是个非常善于学习和创造的民族，他们会想方设法激发神祇的"工作热情"，而不是仅仅被动地等待和承受。

广州满族没有沿袭京城旗营中的信仰，他们的信仰与东北先人和京旗满族有很大不同，既难以看到萨满教的遗存（仅在祭祀时有点影踪），也不能用满汉神祇杂糅的多重崇拜来概括之。他们自己的概括是"广州满人虽无特定和统一的宗教信仰，但一般多是信神和信佛的。特别是崇拜观音菩萨"。笔者通过调查得知，满族人对广州本土的神祇都很尊重，但是他们对观音的信仰远比当地汉人虔诚，观音信仰的强化是从旗营时期开始的。

二、广州世居满族观音信仰现状

驻防广州的满族在清代时就有一间观音楼，位于西濠街（今海珠中路）与大市街（今惠福西路）交界处，是一间跨街的木楼阁。此阁于明朝末年建造，满族八旗官兵来粤驻防时，把这间阁楼改作观音楼。楼内供奉的观音像是一尊木雕鎏金座式的神像。关于这尊观音像的来历，有两种传闻。根据楼内墙壁上的碑记记载，它是清初的平南王尚可喜从北方带来的；旗营中的说法认为这尊神像是"满洲八旗官兵"从北京出发的时候，"皇上"特命内府颁赐给他们的，叫他们把它带到广州来供奉，表示"皇上"对他们的"关怀"和无微不至的"照顾"（舒仲玑，1963）。在笔者的访谈中，所有人都持第二种观点，而且表示："我们都信观音。"可见观音信仰在广州满族中根深蒂固。

观音楼初名"万善宫"，到咸丰年间改为"万善禅院"，因坐落在满洲正红旗驻防地段，一向由正红旗管理。旗营时期它一直是满族的香火庙，供奉从北京带来的木雕观音像，每逢农历二月十九和十一月十九观音诞，这里香火极盛，有僧侣坐坛讲经，唱《观音出世》。以前广州世居满族民众经常到观音楼祭拜观音。

现在观音楼不再是香火庙，而是广州市满族历史文化研究会驻会场所，在"妙吉祥室"（观音楼别名）的正厅，墙上悬挂着观音像，下面供奉着一尊木质观音坐像，周围摆满了研究会获得的各种奖状和奖杯。满族历史文化研究会的老人们一再向我强调他们对观音的崇敬，观音信仰成为广州世居满族的精神纽带和特征之一。

当前广州的满族族胞信奉观音没有集体祭拜的仪式，香火庙也不复存在，但是他们对观音的崇拜并没有减弱。他们家中都供有观音像，佛龛一般是三层：上层是观音，中间是祖先，下层是土地神。观音是居于满族民众的祖先神和广州当地神祇之上的最高神，可见他们对观音的敬仰之情。他们认为"菩萨吃素的"，所以"供水果、素菜、清香一炷"。"节日时上香，有节令也拜，儿女回来先给观音和祖宗上香。"满族民众供奉观音的功利色彩很淡薄，"求大小平安，平安值千金，一团和气，都有团结的意思；我们常说心到神知，劝人不做坏事，正直做人"。没有集体祭拜仪式，他们就到附近的寺庙里和当地汉族民众一同祭拜观音。"农历二月十九和十一月十九观音诞，我们都到六榕寺听讲经，和其他人一起拜"①。

---

① 访谈对象：GXX，女，满族，1920年生。她出身官宦人家，祖父是广州满族旗营里的官员。她在广州长大，1950年开始做街道工作，也做过零工、代课老师、讲解员和工人，1994年3月开始到广州市满族历史文化研究会工作。在笔者访问她的四个月以后，她在广州逝世，病故前的半个月还在研究会组织三八妇女节活动，被满族族胞广为传颂。访谈时间：2002年11月19日。访谈地点：广州市满族历史文化研究会。访谈人：关溪莹。

三、广州世居满族观音信仰解析

在史料中，笔者找不到任何乾隆帝赐驻粤八旗兵观音像的记载，但是广州的满族老人都肯定地讲"观音是落广祖从北京带来的"。旗人称观音作"南无大慈大悲救苦救难的观自在菩萨"，他们说："信观音因为观音一路保佑我们，她受得住艰苦，牺牲自己救别人，为大家受苦难。"①　可见，广州满族民众视观音为保护神。

满族人崇拜观音从明代建州、海西女真南迁时已经显露痕迹。他们定居于与汉族民众直接接触的辽东地区后，受到先进的农业文化影响，汉族民间的神祇——如来佛祖、观音菩萨、关公也进入女真人的信仰世界。尤其是英勇善战、忠君信友的关公，当满族由华夏之东北一隅挥师中原的时候，正需要一位极具感召力的人格神取代萨满教中那些脱胎于鹰、犬、虎、豹的原始战神，来充实民族精神和斗志，因此他们尊关公为护国神，对其崇拜之虔诚甚至胜于汉人。不过，在广州满族民众所构造的历史记忆中，面对即将长途跋涉、驻守南疆、为清帝国保驾护航的八旗子弟，乾隆帝没有赐予他们护国神，却特别地颁赐观音菩萨。

据他们回忆，当初落广祖来粤时"挈妻子、背父母、离乡井、别契友，名虽生离，实同死别，由陆路集体来粤，逾山越岭，长途步履跋涉，备尝艰辛，中途死亡，为数不鲜，统治者以少数之粮饷，驱使八旗人员，服役南溟，类同充边，倘有不服从调遣者，治以抗旨之罪，施以极刑"（佟直臣，1963）。在这样艰苦的环境中，他们认为有观音菩萨"一路保佑"，观音信仰成为支撑他们抵达目的地的精神支柱；在陌生的环境中安家落户，随后的二百余年中他们的命运几经沉浮，观音信仰支撑他们"受得住艰苦，牺牲自己救别人，为大家受苦难"，团结一致，互相帮助，渡过一次又一次的难关。在他们心目中，观音是保佑他们的满族皇权的力量化身，是他们的保护神。我们无法考证驻粤八旗兵营中的观音像究竟是不是御赐之物，笔者倾向于观音信仰是广州世居满族民众自主选择、自发强

---

①　访谈对象：GJW 夫妇，70 岁左右，广州世居满族的后代，世代居于越秀区满族聚居地。访谈时间：2002 年 11 月 25 日。访谈地点：广州市荔湾区龙津东路 GJW 夫妇家里。访谈人：关溪莹。

化的一种宗教信仰，这成为他们彰显皇族血统，获得精神慰藉的有力手段，是他们构筑族群历史的重要部分。满族民众为什么选择观音作为驻粤官兵的守护神？观音如何完成她的神圣使命呢？

首先，观音信仰契合了女真人原始信仰中的女性崇拜心理。相对于汉族来讲，萨满教崇奉的英雄神祇中有一个庞大的女神系统：

"这里有用太阳河水洒身，身穿九彩鸟羽战裙，打败了恶神耶路里，永远不死和不可有战胜的天穹主神阿布卡赫赫（天母）；有伟大的地母巴那吉额姆（地母），她身上搓落的碎泥软毛，化作了树海山岩，滴出的汗水，化作了淙淙清泉；有女萨满形象的开辟英雄神，如珲春瓜尔佳神谕中的赫赫瞒尼，生了男女和宇宙生灵……此外，还有众多的创世英雄女神，如畜牧女神、缝织女神、歌舞女神、百花女神、渍菜女神等。众女神犹如灿烂的星系，位于古代满族萨满教天穹世界的中心。"（王宏刚、富育光，1991）

这一现象与女真人起源较晚、脱离母系社会时间比较晚有关。由于此种心理基础的存在，观音信仰得以很快深入驻粤满族民众的心中。

其次，观音信仰在汉族民众中传承已久，为与汉族交往日益频繁的满族民众信仰观音奠定了良好的基础。观音源于印度，是大乘佛教信奉的菩萨之一，后汉时代随佛教传入中国，唐代基本定型并逐渐类型化。在汉族民众的信仰世界中，观音具有完善的神格和信仰体系，在民俗生活中有吃素礼观音、许愿还愿、颂观音经、放生、求子等多项由观音崇拜衍生的民俗事象。邢莉女士在《观音信仰》一书中将观音的护佑功能概括为以下几点：救助一切于痛苦困厄之人；急人之所急，难人之所难，随时解救人的一切困厄；抢险救厄不为己、不为利、不图报（邢莉，1994）。对于背井离乡、命运如浮萍一样漂泊不定的驻粤满族民众来说，他们最需要的正是这种无所不在、不求回报的帮助与护佑。

最后，观音的神格特征契合了满族民众的崇拜心理和现实需要。第一，观音具有综合性职能。观音菩萨在满族民众心中是一位无所不能的保护神，生财、送子、护航、佑生，逢山开路，遇水搭桥，予饥者以食，予伤者以药，无所不能。驻粤满族民众最乞求的是"求大小平安，平安值千金"，观音菩萨为他们排忧解难，赋予他们内心的安宁。第二，观音不像众多佛陀那样居于遥远的天国，她更像沟通天界与凡间的使者，为了救济苍生来往于仙俗，奔走于人间。萨满教的核心——萨满也具有这一沟通功能。"萨满"一词按女真语解释是"天使""天仆"的意思，他可以和诸多神灵交往，转达人的愿望，传达神的意志，进而解救人于危难之中，女真民众对能够沟通人神，进而保佑苍生的萨满的尊崇和信赖是显而易见的。入关逾百年的八旗官兵日渐脱离原始萨满宗教的精神控制，但他们的信仰世界难以容纳汉文化营造了千余年的庞大神祇系统，他们在潜意识中更信赖的是与萨满相似、可以沟通人神两界、高度世俗化的神祇，而不是高高在上、遥不可及的众仙家。无疑，观音菩萨是非常合适的"神选"。

四、结 语

观音信仰是中国民众生活中比较普遍的一种信仰，从这个意义上讲，她似乎不能算广州世居满族的独特民俗事象；而且据笔者的观察和访问，广州当地汉族民众同样有比较虔诚的观音崇拜，满族民众家中供奉观音、祖先牌位和土地公的样式与当地汉族家庭是一致的。问题的关键在于，在满族民众移民广州后的两百余年间，观音信仰获得空前凸显，其信仰内核也与当地汉族截然不同，附会了满族独特的民族特征和移民经历。广州世居满族民众将观音塑造成本族群的保护神，清政府统治时期，由于拥有御赐观音，他们自然而然地向社会彰显了自身与皇权的联系，巩固了"正统"地位；辛亥革命后，观音信仰成为他们在风雨飘摇的时代变更和备受歧视的异质社会中艰难生存的精神支柱；直至今日，他们的观音信仰仍然具有旺盛生命力，"信观音"是他们强化自身族群认同的无形纽带。在满族民众移民广州的两百余年里，观音信仰是他们在自身与移入地广州之间构建新的民俗生活世界的重要组成部分。

民间信仰通常被我们认为是民众生活中比较稳定的民俗事象，其起源、形成、发展、变迁以至消亡都要经过漫长的周期，在较短时间内很难对其进行动态研究。但是在生态环境和时代背景急遽变幻的形势下，族群有可能根据自身需要调整信仰状态，将其作为本族群适应新的生活环境的有力支撑手段，广州世居满族强化观音信仰的个案可以为此做出注释。现代社会中民众信仰世界的变化会更加复杂和多样化，这是他们民俗生活变迁的重要组成部分，也是很值得我们关注的研究领域。

参考文献

［1］广州市统计局. 2010 广州统计年鉴［EB/OL］. 广州市统计局网站，http：//tjj. gz. gov. cn/stats_newtjyw/zyxz/tjnjdzzz/content/post_7875755. html.

［2］金启孮. 京旗的满族［J］. 满族研究，1991（1）.

［3］孟慧英. 尘封的偶像：萨满教观念研究［M］. 北京：北京出版社，2000：68.

［4］舒仲玑. 海珠中路观音楼的今昔观［M］//广州满族文史资料选辑. 广州市满族历史文化研究会内部资料，1963：26.

［5］佟直臣. 广州满族来粤源流考［M］//广州满族文史资料选辑. 广州市满族历史文化研究会内部资料，1963：26.

［6］王宏刚，富育光. 满族风俗志［M］. 北京：中央民族学院出版社，1991：145－148.

［7］汪宗猷. 广州满族简史［M］. 广州：广东人民出版社，1990：6.

［8］邢莉. 观音信仰［M］. 北京：学苑出版社，1994：15－17.

潮汕"出花园"成年习俗的传统形态与现代传承[①]

"出花园"是广东潮汕地区一种具有鲜明地域特色和族群特点的成年习俗。梳理清代以来潮汕文献呈现出的"出花园"成年习俗传统形态,通过田野调查呈现其在现代社会的传承样态。运用"通过仪式"理论解析传统与现代"出花园"仪式,当下其程式简化但是基本结构并未改变。因为承载着潮汕传统文化因子并参与潮汕民众的现代生活建构,"出花园"习俗获得蓬勃发展。如何改善其形式、完善其功能,满足当下社会青少年成长的现实需要,是富有意义和趣味的研究课题。

人生仪礼是指人在一生几个重要环节上所经历的具有一定仪式的行为过程,主要包括诞生礼、成年礼、婚礼和葬礼。成年礼是中国传统社会四项人生仪礼之一,也是四项人生仪礼中古今变化最大的一项。在原始部落中,氏族成员为年轻的个体设置考验型、标志型、训诫型的仪式,赋予他们成人的权利和义务。汉魏六朝时期,冠礼和笄礼成为士阶层的成年礼,被纳入中国礼教文化系统,具有重要的示范意义。隋唐时期由于社会制度与思想文化发生转变,冠礼与其他古礼一样只是在社会上层象征性地保留。宋代统治者积极复兴儒学,鼓吹礼义纲常,作为"礼之始"的冠礼受到重视,贵族的礼仪演变为士庶通礼。明代《朱子家礼》被视为民间社会的礼仪指南,其中的冠礼得到较多施行。清代以后随着政治制度和生活方式的变化,冠笄之礼式微,清代至民国时期的地方志中常可见"冠礼久不备矣""田家不知为何事矣"的记载(丁世良、赵放,1997)。与此同时,

---

① 感谢李欣曼在调研过程中给予笔者大力协助。

各种具有民族风情和地域特点的成年习俗在中国民众的日常生活中广泛流布，如广东潮汕地区的"出花园"，闽浙台地区的"做十六岁"，山西、内蒙古等地的"圆锁"等习俗。

钟敬文先生于 1983 年在广东省民俗学会成立大会上的讲话中曾经提到潮汕的"出花园"是一种特殊的成人礼（广东民俗学会，1984）。"出花园"成年习俗已经在民间传承了数百年，遍布全球的潮汕子民几乎都有出花园的少年记忆。2009 年，潮州"出花园"入选广东省第三批非物质文化遗产名录。对这一习俗的传统形态的文献记载比较零散，由于在家庭内单独进行，对其当下的存在样态的调研也存在一定难度。本文梳理民间传承的成年习俗的传统形态，通过田野调查呈现其当下形态，为当下学校成年仪式提供可参考的建议。

一、潮汕"出花园"成年习俗的传统程式

"出花园"是潮汕地区一种特有的成人礼俗。为了保佑孩子健康成长，父母请花神护佑孩子的灵魂，小孩出生时要在床上或者床下安上其神位。所以，花神有了另外的称呼——"床脚婆"，民间又称"公婆母"。有 15 岁孩子的家庭，要择日为孩子备办三牲果品拜别公婆（俗称公婆母），表示孩子已经长大，可以走出"花园"，不再是终日在"花园"里玩闹的孩童了。这一习俗在潮汕地区由来已久，关于"出花园"的来历，潮汕人都说是"祖上一代代传下的习俗"。《潮汕民俗大典》介绍"出花园"习俗时称"清代以来，粤东地区有一种近似古代成年礼的特有礼俗——出花园"（叶春生、林伦伦，2010），将"出花园"礼俗的形成时间界定于清代。饶宗颐在《潮州志·风俗志》中对"出花园"成年习俗进行了简单概括："有所谓出花园者……仿佛冠笄蜕遗，因男子一'出花园'，即呼之为成丁，其事母制蓝衫白裤，足登皮屐，并备牲礼花纸，花纸为拜公婆要品。祀九子母，名曰拜公婆，就眠床上，摆在簸箕中祀之，是日是人须在家中，伏守一天，不令出外，谓不敢见天。小康之家，即在三月五月择日举行，贫者也不得挨过七月七日，缘七七为九子母诞，有儿女家必祀公婆，可并举行也。"（饶宗颐，2004）通过梳理潮汕传统文献，我们将其过程细分为择吉时、赠馈礼、着新装、换肠肚、拜公婆、宴宾客、守日禁七个环节。

（一）择吉时

"出花园"的日期一般在每年农历三、五、七月，尤以七月初七为多。七月初七为乞巧节，其寓意在于"巧"字，指望孩子长大后能出类拔萃，成为有名气的栋梁（方永烈，1999）。选择七月初七的另外一个原因是民间认为这一天是公婆神的神诞日（潮州海外联谊会，2009）。此外，正月十五元宵节、七月十五中元节也会有少数人选择（马风，1999）。父母在为孩子举行"出花园"仪式前，会去远近相传的神婆或者算命先生那里，将孩子的出生时日呈给由神婆供奉的"老爷"，选好吉日和吉时。例如，饶平县黄冈镇十五岁男女，凡经算命先生卜卦而不给出花园者，仅举行简单仪式，给孩子穿新衣，另买一只猪肚煮熟让孩子躲在门后吃，俗称换肠肚，然后拜别公婆神，将香炉丢弃（方永烈，1999）。

（二）赠馈礼

仪式前几天，舅父家会送来一只公鸡（如女孩"出花园"则送母鸡）以备"咬鸡头"之用。公鸡不能被阉过，昭以强盛的生命力和蓬勃的朝气。同时还要送来一双上了油漆的红木屐。外婆也会给送来一个红肚兜。其他至亲好友则会在节前送礼致贺，最普遍的贺礼是一只自养的鸭子，也有四个贴红纸的鸡蛋，还有人会送给女孩子一块花布。对于前来送礼者，除了摆酒宴请外，主人照例还要送一只或半只熟鸭，以及部分粿品给其作为回礼（曹兄，2008）。

（三）着新装

"出花园"当日"父母采来十二样花草，浸在水里给孩子沐花水浴，让芬芳洗净身上的孩子气，扎上母亲手缝的新腰兜，腰兜里压着十二颗桂圆和两枚顺治铜钱；穿上外婆送的新衣服和一双红皮木屐，好让孩子跨出花园，一帆风顺"（蔡泽民，1988）。澄海、潮安一带，要用6对花草泡水给"出花园"者沐浴，围新肚兜。6对花草是榕树枝、龙眼枝、红花、桃枝、状元竹、仙草各一对，榕树枝、龙眼枝、仙草取其永葆青春之意，象征朝气蓬勃；状元竹是得中高第，成才的象征；而红花、桃枝则取辟邪之意（叶春生、林伦伦，2010）。饶平县用榕树枝、竹枝、石榴花、桃树枝、状元竹、青草各一对合 12 样泡水给"出花园"者沐浴（方永烈，1999）。洗完澡的水，由家里的其他兄弟姐妹合力倒在家门外的大榕树下（如门口无大榕树，可象征性地倒在家门外）。

（四）换肠肚

清早，孩子的父母把准备好的猪内脏包括猪肠、肚、肝、肾、心，煮熟成汤，加点糖，让孩子吃下。其寓意就是 15 岁了，人必须更新内脏，抛弃肮脏的东西。揭西、普宁、惠来的"出花园"者，当天要吃炒猪肠猪肚，并邀请小朋友于地下围着胶掠（竹箕）同时进食，祝贺"出花园"者换上成人肠肚，与童年告别（方永烈，1999）。

（五）拜公婆

拜祭完各路神明，"出花园"的孩子还要拜床上的神——公婆母。这时要在床中央放上一只浅沿的大笪笒，用米筒盛满米，插上三炷香，前面摆上十二碗甜薯粉圆、十二盅乌豆酒以及红桃（桃形粿）、发粿（发糕）、三牲（鱼、猪头、三鸟）。男孩子供的三鸟是一只公鸡，象征着朝气蓬勃，女孩子供的是母鸡，祈求将来能生儿育女（蔡泽民，1988）。

（六）宴宾客

中午，主人备办丰盛午餐，有鸡、肉、三鸟蛋，共十二道菜。青菜以厚合、青蒜等为主，厚合寓意"出花园"后处处"六合"；青蒜寓意长大后能除会算，聪明伶俐。"出花园"的孩子坐正位，鸡头朝着他（她），别人不可动，由"出花园"者自吃，其意是长大后能出人头地、兴旺发达。然后是跳胶掠。竹箕里盛放着粿品、糖果和花生米，"出花园"的孩子要从竹箕上跳过，往返多次。同时"出花园"者还要邀来邻里朋友，一边吃糖、花生米，一边戏耍，好一派热闹气派（方永烈，1999）。

"出花园"这天要宴请亲戚朋友。由"出花园"的孩子坐上东头大位，吃鸡头，俗称咬鸡，倘若属鸡的就要改吃鸭头或鹅头。还要吃甜菜汤圆和象征长寿的面条以及"五碗头"。"五碗头"无定式，一般取谐音吉祥之物，如鲮鱼、蟹、猪肝、豆干以及芹菜、蒜、葱等配料，象征能、会、官、聪、勤劳、精打细算等美好愿望（陈泽泓，2001）。

（七）守日禁

"出花园"的孩子虽然享受成人的权利，但是也必须严格遵守各种禁忌。在饮食方面，不可以吃腱和鸡爪。在行为方面，必须用成人的礼仪规范来约束自己：如不能在砧板上吃东西，不能站或者坐在门槛上，不能与孩童嬉戏打闹，等等。然而最重要的是，"这一天，出花园的孩子不能跑到当空之下，要躲在屋子里。这实际是要他从这天做起，不再贪玩，做个循规蹈矩的孩子"（蔡泽民，1988）。

二、潮汕"出花园"成年习俗的现代形态

文献资料呈现出"出花园"成年习俗的传统形态。通过 2012 年以来在潮汕地区的调研和对潮汕籍大学生的访谈，我们发现这一习俗依然活跃在潮汕地区。下面以在潮州市调研的个案展示"出花园"习俗的当下样态。我们调研的对象是潮州城西中学一位 15 岁的女生小莫。在办此仪式之前，父母需要请示神灵根据孩子的生辰八字择定吉日，再决定买哪些贡品。潮汕地区一直都有道姑神巫之类的职业人士，他们自称能传达神灵的旨意，因此多有善男信女以事求问之。小莫的母亲就是提前请示神灵，获得准许和指引后得到红纸条，再进行后续的操办（见图 31）。

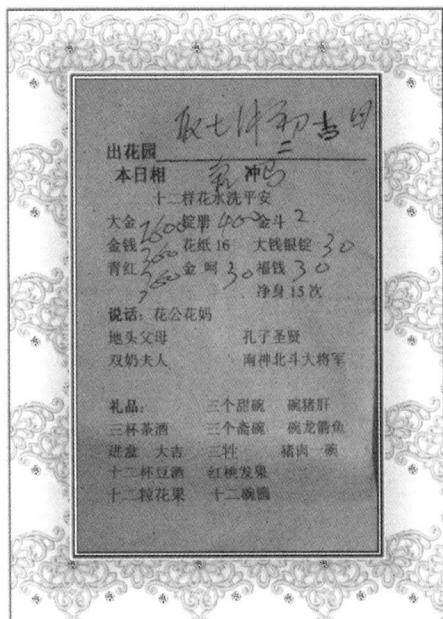

图 31　出花园的红纸条（相当于备忘录）（图片由李欣曼提供）

2011 年 8 月 1 日，即红纸条上指定的农历七月初二凌晨 5 点，小莫的父母先是摆好桌子上的贡品，包括：三个甜碗，三杯茶酒，三个斋碗，十二粒花果，十二碗汤圆，十二杯豆酒，一盘红桃发粿，一碗龙箭鱼，一碗

猪肉，一碗猪肝，一份进盒，一些大吉，一副三牲（见图32）。然后小莫点燃了几炷香，跪在桌子边，口中振振有词，大概内容是："阿奴今日出花园，众位老爷和夫人保佑阿奴以后学习进步，事事顺心。"这在潮汕地区叫作"说话"，是跟神明沟通的一种方式和礼仪。这次小莫"说话"的神明有：花公花妈、地头父母、孔子圣贤、双奶夫人、南神北斗大将军。"说话"完毕后，把香插在香炉上就算礼毕。

图32 出花园贡品（图片由李欣曼提供）

　　小莫上完香后就开始数花纸。所谓的"花纸"，是"出花园"礼俗中必备的献给神明的贡品（见图33）。花纸献给神明的过程俗称"化钱纸"，即是通过焚烧的方式请神明来取礼。而在"化"之前，"出花园"者要先双手捧着花纸在神炉前跪拜并"说话"。出于安全考虑，父母拿出一个"化钱纸"的专用金属桶到门口开始"献礼"（见图34）。拜完神明，我们问小莫"出花园"有什么感受？她说："无聊透了，又不能出门去玩，而且我妈告诉我，今年出花园，不能去爬高山，不能去海边，不能玩火，总之万事要注意，害得我好多出游的计划都取消啦！"尽管小莫的回答出乎调查者意料之外，但是也可以看出"出花园"的孩子仍然要遵守一些禁忌。结束了一个小时左右的祭拜仪式,父母开始急忙地张罗起"出花园"这一天的早餐。母亲不知道该怎么摆鸡头,我们告诉她鸡头要对准"出花园"者。孩子用完早餐之后,"出花园"的仪式就算是结束了。

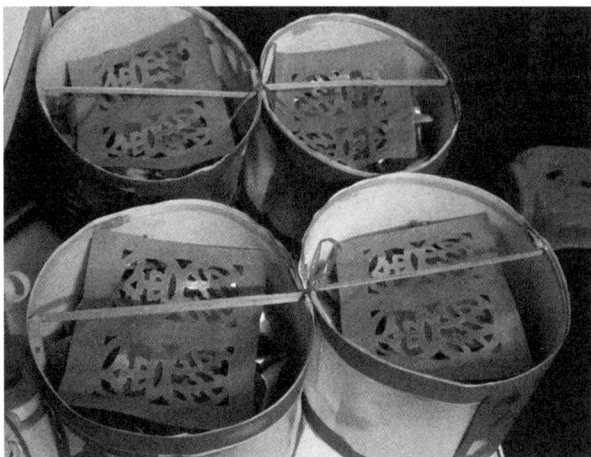

图33 出花园祭祀用"花纸"(图片由李欣曼提供)

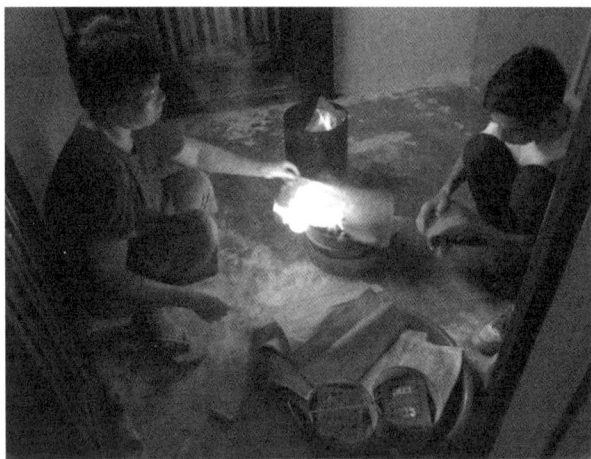

图34 父母在"化钱纸"(图片由李欣曼提供)

除了这个潮州市的调查个案,我们在汕头、揭阳等地的城乡均进行了"出花园"成年习俗调研,虽然存在微小差别,主要的仪式内容基本一致。潮汕"出花园"习俗的现代形态基本包括:

（1）仪式准备：除了本个案中的"问老爷"以确定出花园日期，在汕头的调查个案显示"出花园"前需要沐浴更衣："出花园"当天，孩子洗漱完毕后要换上新衣、新鞋，母亲用脸盆装好清水，并折一小段石榴花枝放入水中，再让孩子用毛巾沾湿后擦拭脸部。寓意洗净稚气，保佑平安，因为石榴花（又叫红花）具有吉祥之意。接着，母亲双手捧着事先折好的花纸，对着孩子从头到脚，由前到后各轻轻"扫"三次，嘴里还时不时念一些话，表示送上祝福，希望孩子长大成人后能更加懂事。

（2）仪式过程：拜公婆母和其他诸神、"说话"、"化钱纸"。

（3）仪式尾声：全家聚餐。"出花园"的孩子今天坐主位，桌上面放着12种菜，其中两碗饭和一只鸡放在主位前面。"出花园"的孩子首先要每样菜都吃一点，然后别人才能吃。"出花园"的孩子在吃饭之前先要咬一下鸡头，代表着已经长大成人，将来可以独占鳌头（黄婉佳，2017）。

三、"通过仪礼"视角下出花园成年习俗解析

通过古今仪式对比，可以看出在潮汕民众的日常生活中，成年习俗被解构为人们习以为常、并不引人注意的小事。与传统仪式相比，现代"出花园"仪式逐渐日常化、简单化，这可能带来"出花园"成人习俗是否会消亡的质疑。法国民俗学家范·根纳普提出"通过仪礼"一词解释人生仪礼，他认为仪式过程向人们展示三个阶段，即"脱离仪式""过渡仪式"和"融入仪式"，使人实现从一种社会状况向另一种社会状况的转变（史宗，1995）。我们通过表1对传统和现代"出花园"仪式进行结构解析：

表1　传统"出花园"与现代"出花园"的仪式对比表

	脱离仪式	过渡仪式	融入仪式
传统"出花园"	择吉时、赠馈礼、着新装、换肠肚	拜公婆、守日禁	宴宾客
现代"出花园"	提前请示神明，获得准许后按照红纸条操办；"出花园"前沐浴更衣	祭拜神明；"说话""化钱纸"；遵守禁忌：不爬高山，不去海边，不玩火等	全家聚餐

"在一个仪式中，分离、过渡与融入有时仅表现为某个眼神、手势或动作，并非所有的族群、所有仪式都存在繁杂的象征符号的组合与排演。"（岳永逸，2008）无论在传统仪式还是现代仪式中，"出花园"都展示为脱离、过渡和融入三个阶段。现代"出花园"的脱离、融入两个阶段比传统仪式有明显的简化，但是最重要的过渡仪式仍然呈现显著的阈限状态，即"由政治—法律—经济地位决定的结构化差别在这一状态下暂时消失，社会呈现出无结构或弱结构状态，甚至只是各个平等个体的和同，人们只服从于一个仪式领袖"（王铭铭，2004）。传统仪式中"出花园"者拜公婆；现代仪式中"出花园"者祭拜神灵、"说话"、"化钱纸"，都处于阈限状态。特纳将成年礼称作地位提升仪式，地位提升仪式必然要使仪式对象忍受各种痛苦与折磨。传统仪式中的"守日禁"要求"出花园"者遵守诸多禁忌，现代仪式中虽然禁忌减少了，但是青少年依然在行为上受到诸多限制，这些意味着为了获得成人的更多权利和更高地位，必须首先忍受失去部分权利、接受某些限制。如同特纳所说："通过象征与行为模式上的地位颠倒，人们看到了一向被认为是公理而不可更改的群体之社会类别与形式，最终达到巩固结构的作用"。（王铭铭，2004）虽然很多环节被简化，但是这一仪式的基本结构并未受到破坏，这是"出花园"成年习俗保持旺盛生命力的结构基础。

四、潮汕"出花园"成年习俗的发展趋向

"代代相传的非物质文化遗产总是在其所处环境、与自然界的相互关系和历史条件的变化中不断得到创新的，故传承往往也同时伴随着变化与发展。"（周星，2006）在调查中我们发现除了"出花园"习俗发生变化，民众围绕这一习俗而从事的经济生活、社交方式都有一定程度的改变。例如，根据传统习俗，外婆、舅家必须在孩子"出花园"时赠送其新衣服和新鞋子，过去都是手工制作，现在由于生活节奏加快，家庭成员无暇亲手制作，基本都在外购买这些用品，由此催生"出花园"用品的制作和零售产业。凡是"出花园"所需的木屐、花篮、肚腰（肚兜）、桶盘、米筒、笔筒等用品在商店里应有尽有。红衣、红木屐的款式也越来越时尚新颖，我们在揭阳市榕城区毓秀路服装店里看到红色的衣服有带帽卫衣、运动

服、连衣裙、夹克衫、T恤等种类。"出花园"用品的选择面变广，时尚度和实用性也大大提高。城市居民多不再举行烦琐的仪式和程序，而选择在餐厅、酒家里"出花园"。商家推出"花园宴""花园桌"等系列服务满足顾客的新需求。另外，随着观念的转变，"出花园"礼物的选择范围不断扩大。据潮州市某数码商店的工作人员介绍，从农历三月初开始前来为孩子购买"出花园"礼物的市民络绎不绝，电脑、手机、相机等实用性强的数码产品都是热门之选（见图35）。一些珠宝商铺抓住商机以"出花园"为主题推出新款的饰品。如汕头市某珠宝行应"出花园"的年龄特点推出"金色年华"系列首饰，融合了最新的时尚元素与文化内涵，集中展现了少男少女率真、独立、渴望真我、乐于追求的个性魅力，非常适合"出花园"的少男少女佩戴。父母还可以在"出花园"首饰上刻上"快乐成长""学习进步"等祝福语，表达父母以及亲朋好友对孩子的关爱和祝福。高丙中在民俗学顺应民间文化复兴发展路向的讨论中提道："在改革开放的政治运动和后现代思想运动的过程中，中国社会正在形成一种以现代技术和财富支撑的混合古今中外的文化要素的日常生活。"（高丙中，2010）传统的"出花园"习俗在现代社会呈现出产业化、时尚化的发展趋势，但是习俗所蕴含的潮汕传统文化内核并没有改变：虔诚信仰、重血缘亲情、对子女浓浓的爱意，这些文化因子代代相承，延续到今天继续构建着潮汕民众的现代生活。"出花园"成年习俗的生命力不断壮大，获得了蓬勃发展。

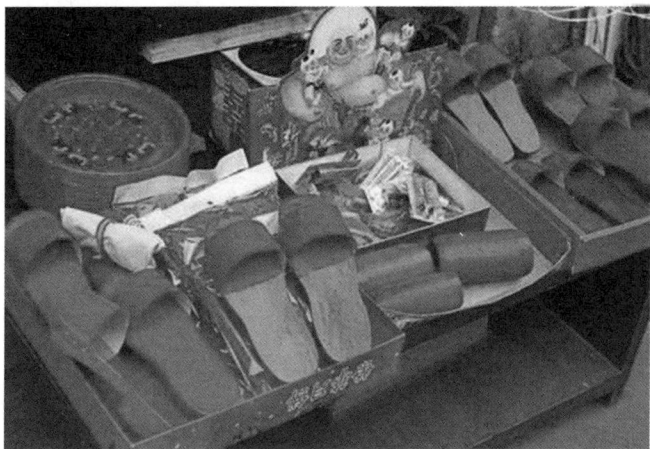

图35　商铺售卖"出花园"用品（图片由关溪莹提供）

五、结语与延伸

时代的快速发展给青少年的成长带来更多压力、更多诱惑，成年礼是帮助青少年认识世界、认清自我、适应社会的有效方法，也是强化其成人意识和自我教育能力的一种手段。"成年仪式建立在个体的生理状况、社会地位、民俗信仰、社会信念等社会基础之上，因而具有进行青年教育、调控平衡、保障个人社会文化适应等方面的功能。"（平章起，2012）决定"出花园"成年习俗能否长期存在的最关键因素是其是否仍能承担相应的社会功能，为现代青少年的健康成长助力。在现代社会，传承了数百年的潮汕"出花园"成年习俗虽然形式上产生了变化，但是其基本的仪式结构并没有改变。如何促进其与时俱进，在内容和形式上更贴近中国人的日常生活和青少年的现实需要；提取"出花园"成年习俗中民间教育的精髓，为当下学校举办成年仪式提供可参考的建议，这些都是需要我们进一步深入思考的富有意义和趣味的课题。

参考文献

[1] 蔡泽民．潮州风情录［M］．北京：民间文艺出版社，1988：73，74．

[2] 曹兄．出花园［J］．潮南，2008（12）．

[3] 潮州海外联谊会．潮州胜概·风情篇［M］．广州：花城出版社，2009：49．

[4] 陈泽泓．潮汕文化概说［M］．广州：广东人民出版社，2001：511-512．

[5] 方永烈．出花园［M］//方烈文．潮汕民俗大观．汕头：汕头大学出版社，1999：122，123．

[6] 高丙中．中国人的生活世界：民俗学的路径［M］．北京：北京大学出版社，2010：189．

[7] 黄婉佳．揭阳出花园成年习俗研究［D］．广州：华南农业大学，2017：9．

[8] 马风．出花园［M］//方烈文：潮汕民俗大观．潮州：汕头大学

出版社，1999：120.

[9] 平章起. 成年仪式的德育功能研究 [M]. 天津：南开大学出版社，2012：17.

[10] 饶宗颐. 潮州志·风俗志 [M]. 潮州：潮州市地方志编纂委员会办公室，2004：3432 - 3433.

[11] 史宗. 20 世纪西方宗教人类学论文选（下册）[M]. 金泽，译. 上海：上海三联书店，1995：512 - 516.

[12] 王铭铭. 西方人类学名著提要 [M]. 南昌：江西人民出版社，2004：452，456.

[13] 叶春生，林伦伦. 潮汕民俗大典 [M]. 广州：广东人民出版社，2010：126，127.

[14] 岳永逸. 范·根纳普及其《通过仪礼》[J]. 民俗研究，2008（1）：10.

[15] 周星. 从"传承"的角度理解文化遗产 [M] //民俗学的历史、理论与方法. 北京：商务印书馆，2006：130.

[16] 广东民俗学会. 广东民俗学会成立大会特刊 [M]. 1984：2.

[17] 海阳县志·清光绪二十六年刻本 [M] //丁世良，赵放. 中国地方志民俗资料汇编（中南卷下）. 北京：北京图书馆出版社，1997：775.

广州世居满族的宗祠祭祀调查

宗祠祭祀是汉族社会延续了几千年的祖先崇拜形式，是封建家族制度的重要标志。满族采取以八旗为核心的社会组织形式，满族民众的生活中没有宗祠，基本延续在家中祭祖的习俗。在广州世居满族移民岭南的两百多年中却出现了宗祠祭祀风俗，一度非常繁盛。本文解析了广州世居满族修建宗祠的缘起，满族宗祠祭祀与汉族宗祠祭祀的差异和广州世居满族宗祠的功能。认为广州世居满族修建的只是一种"类宗祠"，在特征与功能上与汉族宗祠均有较大差异。八旗官员修筑宗祠是希望通过强化满族官兵的祖先观念和族群意识，将之作为八旗军营中的军事、行政管理体系的一种有益补充；辛亥革命后，满族民众利用宗祠祭祀建构关于落广祖的历史记忆、增强族群的认同和凝聚力，宗祠祭祀成为他们在广州社会进行文化重构的重要手段。

广州世居满族是清政府在乾隆二十一年（1756）派至广州驻防的八旗官兵及其家属的后裔，如今他们讲粤语、食粤菜，已经融入广州当地社会；同时，他们又保存了良好的族群认同，拥有本民族的民间团体，利用族缘增强团体凝聚力，争取到诸多发展壮大的机会。可以说，广州世居满族是我国城市散杂居少数民族中发展得比较好的个案。本文关注的是他们采取了哪些手段调整自身文化系统，既达到与广州社会融为一体的目的，又保存自身的族群认同和凝聚力。其中修建宗祠是一项重要举措。

一、满族传统的祖先崇拜习俗

满族民众的生活中没有宗祠这个概念。满族的先人女真人崛起后，经历了从氏族到家族再分裂为家户的演变（高丙中，1996）。在进入封建社会之前，其以八旗组织为核心的社会组织形式业已形成，即使与中原文化交融之后仍然采用半军事化、半行政化的组织形式来建构满人社会，汉民族的血缘宗法体制并未在八旗子弟中普及。"原来京旗旗人没有写'某省某县'籍贯的，因为他们都是军人，不是一般居民，他们的籍贯就是军籍，比如写'某旗某佐领下'，这就是他们的籍"（金启孮，1989）。满族民俗传统中有自己独特的祖先崇拜的方式。

东北满族在家中供奉自己的祖先。东北满族的房门东开，屋内三面是炕，西炕不准住人，是供奉祖先的地方。"堂屋（或西屋）供有各种神灵的小型偶像或祖宗匣，设供献牲"（富伟，1994）；也有的人家"祭祖时，把祖宗神位接到西炕（平日藏到棚顶），挂上观音、祖宗画像或家谱"（杨旸，1991）。定都北京后，根据《八旗通志》的记载，只有上层贵族仿效汉人修建宗祠，在八旗兵营中没有出现宗祠。"满洲八旗人，除有爵有祠堂照会典规定祭祖外，一般军家新年在家中祭祖"（金受申，1989）。

二、岭南地域广修宗祠之风

宗祠是宗族后人供奉先人牌位、拜祭祖先的场所，它是汉族社会以血缘宗法制为核心的社会组织形式的表述方式之一。汉族的宗法礼俗在周代已经成形，《礼记·大传》中说："人道亲亲也，亲亲故尊祖，尊祖故敬宗，敬宗故收族。"周代统治者开创并利用层层相属的家族制度作为国家的统治制度，使国与家的治理统一起来。进入封建社会以后，随着土地所有权的分化和社会的演进（农工商业的发展、城乡对立、人口迁移等），封建宗法制经历了一系列变化，但是其依据血缘关系聚族而居，御外自治和建立等级网络的实质没有改变。北宋建国后，为了防备割据势力复辟，强化中央集权，带有宗族残余的封建家族制度与封建国家的政治制度紧密相连，成为基层封建政权的辅助力量。因此，宋代的封建宗族家族制其组织结构更加完备，自宋代以来，封建宗族家族制度在全国农村都很普遍。

这一社会组织形式在广东汉族三个民系中得到更为长久和普遍的保留。两宋时期，由于女真人和蒙古人的入侵，两宋皇室和大批中原士民南迁到江、浙、闽地域，南宋末又迁往岭南。民众多是合家合族南迁，他们将两宋时期完备的封建家族制度带入岭南，保障了自身的生存和发展。由于岭南文化的包容与开放，中原的一些制度习俗往往滞留于此，封建宗族家族制度在广东普遍盛行。近代的封建家族制度有三个基本要素：首先，赖以生存的土地已不是分封的而是自置私有的，因此必须购置族田，这是家族的经济基础；其次是大修族谱，寻宗溯源以加强族人的团结和凝聚力；最后是修建宗祠，敬宗奉祖，彰显家族声势。有学者认为，建祠堂和置族田是宋代以降封建家族制度的重要标志（黄淑娉，1999）。广东祠堂之多、规模之大在全国负有盛名。"粤中世家望族大、小宗祖祢，代有祠。代为堂构，以壮丽相高。其曰大宗祠者，始祖之庙也。祀祠主鬯，必推宗子。同祖祢之养老尊贤，其费皆出于祠。贵者，富者则又增益祠业，世世守之，此吾粤之古道也。"（范端昂，1988）

三、广州世居满族的宗祠祭祀

广州世居满族虽然世代为平民，但是八旗兵营中设立了八间宗祠。这些宗祠的设置始于清嘉庆年间，至道光年间各旗就普遍建立起宗祠，分别设立在该旗驻防地区内，每间宗祠旁边还设有和尚寺一间，雇和尚代为管理香火。辛亥革命旗营解散后相当长的时间里，宗祠依然繁盛。

"镶红旗以'同庆堂'的名义，于公元1948年清明节前夕进行春祭，并于1949年春祭时，恢复分'胙肉'。在宗祠祭祖时，当众宰猪后，于翌日凭票到猪肉铺领取猪肉。在当时也算是一件大事情。春祭时，该旗男丁均聚集于宗祠，进行'祭祖'，实质上也是一次以旗为单位的聚会。在分胙肉上，还突破了过去只分男丁，不分女人的旧习惯，凡是镶红旗的男女人丁（包括外嫁的满族妇女，及娶入非满族的媳妇等），均在分配之列，胙肉虽少，但意义却很大，该旗子孙皆大欢喜。"（汪宗猷，1990）

中华人民共和国成立后，仅剩下镶红、正红、正黄三间宗祠的房产（汪宗猷，1994）。据广州市满族历史文化研究会关秀娟副会长介绍，正红旗祠堂后来被用作满族小学的课室，20世纪60年代初她们在满族小学读书的时候，教室后面有一道幕帘，幕帘后面是宗祠所供奉的祖先牌位，每年清明节和重阳节前后都有正红旗族人来拜祭祖先①。"文革"时期，广州世居满族的宗祠才消亡。据笔者的访问排查，经过一个世纪这八间宗祠只有正红旗宗祠尚可找到遗址，即位于越秀区光塔路89号的广州市满族小学所在地，其他的满族宗祠都无迹可寻了。

四、类宗祠：记忆与凝聚

民间记载修建宗祠缘于"正红旗一个名和顺的佐领，鉴于驻防广州满洲八旗子弟对先人应有一个供奉的地方，作为祭祀之用，于是仿效广东汉族宗族祠堂的形式在正红旗范围内的西濠街设立'宗祠'，供奉该旗各先人牌位，后各旗陆续模仿"。可见，修建宗祠是他们受到岭南地域"大兴宗祠"的民间社会风俗影响的结果。但是广州满族的社会组织形式与汉族有本质区别，其核心不是宗族而是八旗行政组织，因此满族的宗祠形式上虽然与汉族类似，但是具体做法上与汉族又不相同。

首先，汉族宗族祠堂是一个姓氏设一间，而满族的宗祠是以旗为单位，一个旗联合设一间，包括旗内各个姓氏。其次，从灵牌的设置来看，汉族宗祠内祖先神主牌位按世代辈续长幼分列，上尊下卑、左长右幼（黄淑娉，1999）。神主牌上书写死者生辰八字、死亡年月日、承祀者名称等（叶春生，2000）。满族宗祠"每间宗祠都有三进深，在第三进内设有神龛三座，中座放着各姓祖先的牌位，同一姓氏的落广祖设一个牌位，每个牌位以族谱形式，自上而下分别写上各代已故男丁的名字，但绝无写配偶名字，左右两座则分别安放绝嗣单人牌位"②。满族宗祠中不是只供奉一个姓氏，而是旗中所有姓氏。灵牌上只有名而无姓，沿袭着满族"随名姓"的风俗。再次，从祭拜的形式来看，广州世居满族与当地汉族一样都行春秋两祭，但是当地汉族祭祀的主祭者必是大宗之子即长房嫡子，八旗宗祠祭祀则由旗中公选出的德高望重的人来主持。最后，在功能方面，广州汉族

---

① 访谈对象：GXJ，满族，广州市满族历史文化研究会工作人员，五十岁，自幼生长在广州满族聚居区，在广州市满族历史文化研究会工作多年。访谈时间：2003年7月17日。访谈地点：广州市满族历史文化研究会。访谈人：关溪莹。

② 访谈对象：WZY，满族，1919年出生，广州市满族历史文化研究会主席。访谈地点：广州市满族历史文化研究会。访谈时间：2002年10月21日。访谈人：关溪莹。

宗族祠堂除了供奉祖先和祭祖的功用外，也是族人集会议事的场所，还开办私塾或义塾，教育族内子弟。广州世居满族的宗祠仅是族人拜祭祖先的场所，没有汉族宗祠的复合性功能。

为什么在广州满族的生活中会出现"宗祠"这一民俗事象呢？广州满族生活在汉族民众的包围之中，岭南民俗文化特有的包容力量使之自然而然地受到汉族宗族传统的影响，出现了以"旗"为单位的八间宗祠。需要注意的是，它不是真正意义上的"宗祠"。宗祠是宗族制度的产物，宗法家族制度是一种与土地紧密联系的制度，而且与手工劳动的小农经济方式相契合，宋代以来，置族田与修宗祠两大举措相辅相成，是封建家族制度得以延续的基础条件。八旗子民派驻广州后，没有获得土地，他们是吃皇粮的军人，不参加农业生产，其社会组织形式依然是八旗组织。尽管五十余年后，满族民众在广州繁衍出家族体系，但是他们没有宗族渊源和历史，同样也不具备产生宗族的条件。因此，他们的宗祠只是一种"类宗祠"，没有发挥汉族宗祠的诸多复合功能，仅是以满族的特殊组织"旗"为单位而设置的祭拜祖先的场所。

八旗官员动用公款修筑宗祠是希望通过强化满族官兵的祖先观念和族群意识，将之作为八旗军营中的军事、行政管理体系的一种有益补充，这一补充采取了"类宗族"的社会控制形式。但是八旗宗祠能够在旗营中存续并成为八旗民众民俗生活的组成部分，说明它确实发挥了一些有益的功能。可以说，宗祠的出现是满族民众在广州采取的一种特殊适应策略，一方面使自己自然而然地与岭南的文化传统融合，另一方面继续强化了自身的社会控制体系。他们通过设立宗祠，将落广祖千里迢迢奔赴南疆，在异质文化中艰难生存的社会记忆一代代延续；他们通过定期或不定期的全"旗"祭拜，增强族群认同和凝聚力，同时潜移默化地将自身融入广州当地社会中。

相对于汉族民众而言，广州世居满族的"宗祠"和祭拜活动具有特殊的意义和功能。祖先崇拜是广大民众民俗生活中比较稳固的部分，在汉族宗法社会和某些少数民族聚居地可以传承几千年，内容和形式没有太大变化。但是当生存时空发生急遽变化的时候，我们发现它可能发生实质性改变。例如，广州世居满族民众的生活中就出现了宗祠祭祀的祖先崇拜方式。需要强调的是，这种信仰方式的转变不是外界强加给他们的，也就是说，群体迁移是其发生的前提条件，但是真正导致宗祠出现的决定性因素是广州世居满族的存续和发展意愿。他们将这种新民俗作为适应新的生存环境的有效措施，积极采纳、代代相传，宗祠祭祀成为他们在广州社会进行文化重构的重要手段。由此可以得出这样的推论，在后农业社会，民俗文化的变迁逐渐脱离自然而然的状态，时空环境的改变、民俗主体的意愿等均可能成为推动其变迁的重要因素，这是需要我们深入探讨的课题。

参考文献

［1］范端昂，撰，汤志岳，校注．粤中见闻［M］．广州：广东高等教育出版社，1988：51.

［2］富伟．辽宁少数民族婚丧风情［M］．沈阳：辽宁人民出版社，1994：59.

［3］高丙中．东北驻屯满族的血缘组织：从氏族到家族再到家户的演变［J］．满族研究，1996（1）.

［4］黄淑娉．广东族群与区域文化研究［M］．广州：广东高等教育出版社，1999：408，414.

［5］金启孮．京旗的满族（续）［J］．满族研究，1989（2）.

［6］金受申．老北京的生活［M］．北京：北京出版社，1989：137－139.

［7］汪宗猷．广州满族简史［M］．广州：广东人民出版社，1990：101.

［8］汪宗猷．广东满族志［M］．广州：广东人民出版社，1994：136.

［9］杨旸．中国的东北社会（14—17世纪）［M］．沈阳：辽宁人民出版社，1991：312.

［10］叶春生．广府民俗［M］．广州：广东人民出版社，2000：177.

第三编
民间口承文学

民间谚语辅助焦虑治疗研究①

民间谚语是深深植根于人民生活中的民间文学，它不仅凝结着劳动人民的生活经验和智慧成果，也使人们得到教育和启发。学术界目前的谚语研究大多是和对外翻译、对比研究或者阐释文化内涵相关的，将其应用到心理学领域的研究有限。本文聚焦现代人日渐增加的焦虑情绪，挖掘民间文化中蕴含的丰富的心理调适资源，对现代人的焦虑情绪问题进行研究，探讨民间谚语辅助焦虑治疗的途径和方法。

现代社会高速发展，交通和通信手段越来越便捷，人们在工作生活中接触到的人和事可谓应接不暇。面对激烈的竞争，人们在学习、生活、工作、家庭和人际关系等方面经常遇到挫折，例如，职场新人在新的工作环境中不适应，适应力与能力较差的员工在工作上遇到困难和失败，人们面对激烈竞争的工作产生对自己前途的担忧等。快节奏的生活使人们的心理压力增大，随之而来的是现代人的焦虑情绪剧增：工作焦虑、学习焦虑、社交焦虑等，还夹带有急躁、忧愁、紧张、恐慌、不安等情绪，对人们的日常生活和学习工作有很大的影响。人民论坛问卷调查中心于2013年做的"当前中国人焦虑程度调查"结果显示，80.1%的受访者经常使用"烦躁""压力山大""郁闷""纠结"来表达心情；74.5%的受访者认为身边70%以上的人会不定期出现焦虑状况；而88.9%的受访者同意"全民焦虑症"已成当下中国的社会病（张潇爽等，2013），可见现代社会中焦虑情绪的广泛性和普遍性。中国民间谚语（简称"民谚"）中蕴含着丰富的精神文化资源，现代人可以从中获得精神力量，得到自我慰藉，在一定程度上缓

---

① 在调研过程中，王云玲给予了大力支持，特此感谢。

解焦虑情绪，甚至辅助焦虑治疗。挖掘民间谚语在现代人焦虑情绪上的功用，为治愈焦虑提供了新的文化治疗和心理治疗视角。

笔者进行文献调查的范围包括：《谚语选》（廖永民等，1981）；按汉族谚语和少数民族谚语进行编排，收入中国谚语 10000 多条的《中国谚语选》（朱德根等，1986）；精选 10000 多条谚语的《中国谚语》（郑勋烈等，1996）；附录 3500 多条的《谚语》（武占坤等，1997）；《青少年人生修养谚语》（贾同淮等，2002）；精选世界各国、各民族谚语 40000 多条，按内容分成 46 类，且谚语有注明国别和民族的《谚语大典·中外谚语分类选编》（张一鹏，2004）；收录养生谚语 300 多条的《健康谚语新释》（高山英，2006）等。本文的谚语研究部分所引用的谚语大多出自以上书籍，还有一部分是笔者在广州市进行田野调查所得。

一、文化治疗与民谚应用于心理健康研究综述

民间谚语与焦虑治疗，是涉及心理学、社会学、民间文学的交叉研究课题，注重文化对个人心理的塑造和改变作用。

（一）文化治疗研究

20 世纪 30 年代到 50 年代，人类学家和精神病学家合作研究，发现了文化与人格及精神病之间有一定关系。陈华在《医学人类学导论》中举出了一些例证，"例如中国的缩阳症（koro）、东南亚地区的杀人狂（amok）、北美印地安人的食人狂（windigo）和爱斯基摩人的北极癔病（piblokto）等精神病都是受当地文化制约的精神异常。文化与人格研究导致了民族精神病学的形成"（陈华，1998）。这是地区文化造成的，既然文化可以"致病"，那么它也可以用来"治病"。在一些地区，有当地人用民俗文化治疗疾病的传统，而这往往都与当地的民俗信仰有关。如生活在较为恶劣的生态环境中的客家人，他们居住地区的交通较为不便，医疗条件也较为落后，就形成了崇鬼尚巫的文化传统。周建新和钟庆禄所研究的客家喊魂习俗就是"巫医结合"的文化治疗方法。他们得出结论，这种习俗有助于心理的疏导、家庭关系的和睦和宗教信仰与文化的认同（周建新等，2018）。而林倩做了"神药两解"的相关研究，认为"神药两解的产生和发展与当

地社会环境、风俗习惯、宗教信仰、经济状况有着密切的联系"（林倩，2016）。这些巫医文化的治疗方法多盛行于较为落后、闭塞的地区，治疗的效力也只包括信仰巫术文化的群体，但这也并不完全是封建迷信，其中包含的暗示疗法和宣泄疗法是有一定科学依据的，这也体现了文化治愈心理的神奇力量。

用文化来"治病"的理论被称为"文化治疗理论"。何谓文化治疗？"运用哲学、宗教、文学艺术等非药物、非物理治疗方式对心灵问题甚至精神疾病进行宣泄、缓和、平复、净化、抚慰，其积极意义在于它能够调解和疗愈人们心灵的烦恼和思想的纠结。"（刘桂荣，2017）它的治疗方法主要是"加法治疗"和"减法治疗"。这两种思维方式的疗法，也是心理疏导较为常用的。文学治疗又是比文化治疗更为具体的层次。弗莱将文学视为对抗理性异化和维护人性健全必不可少的手段（Frye，1990）。《文学与治疗》是文化治疗理论的重要著作之一，体现了文学与文化对于现代人精神危机的疗救作用，并探讨这一功能的发生机制与原理，从对象、理论和个案的三个维度探讨文化和治疗关系（叶舒宪，2018）。在当今社会跨学科发展的趋势下，文学的治疗功能愈发受到人们的重视。"在读者阅读作品的过程中，文学能够激发读者的思考与联想感悟，在或深或浅的情感共鸣中'调动人的精神力量来改善身心状态'，实现治疗的效果。"（何丹兰，2015）通过阅读产生共鸣，从而得到情感的宣泄，这就是文学作品所能达到的抚慰和治愈心灵的作用。

本文挖掘民间文化资源，对现代人的焦虑情绪问题进行探究和治愈研究，有效地结合了社会学、心理学和民间文学的内容，有助于发挥民间文学的社会功能，并且在现代社会中激发民间文化新的创造力和生命力，彰显它对现代人心灵的健康与社会的和谐所具有的重要意义。

（二）民间谚语应用于心理健康的研究

"民间谚语是人民群众集体创作并广为流传的、简洁凝练的、具有一定认识和教育作用的定型化语句。"（刘守华等，2009）中华文化源远流长，中国谚语数不胜数，相关资料也是浩如烟海。20世纪80年代开始，全国进行了地方谚语的大普查和大采集，汇编成《中国谚语集成》，省卷本加上各地出版的地、县级分卷有上千本，谚语总数有上百万条。改革开放之后，专家学者对民间谚语的研究突破了搜集、考证、阐释等层面，综合运用多学科理论，广泛开展了民间谚语与文学、医学、生态学、伦理学、教育学等多学科交叉研究，丰富了民间谚语的研究成果。

因为谚语在思想内容上具有经验性和哲理性的突出特点，因而是具有劝解宽慰功能的文化资源。"谚语用简单但深具智慧的词句，表达众人共识共享的真理，传递了常民在千万端的实践当中，所累积的有关日常生活情境的一些奉劝、忠告与暗示。"（盖庆彬，2011）。徐静在《中国俗语与心理治疗》中，以分类分析法来比较中国、日本、朝鲜、英国、法国、德国等东西方的俗语，从而发现了华人俗语的特性。她得出了在心理辅导上运用俗语的效用和方法：能够一针见血地传达精义、情感上的体会与共鸣、认知上的刺激与挑战、供给应付问题的各种方式以及建议观念和态度改变等，从而达到治愈心灵的疗效。（徐静，2002）

丛中在第五届世界心理治疗大会上，做了题为"在中国人的心理治疗中谚语的应用"的论文报告，他认为在心理治疗中运用谚语对中国人有许多意义。谚语是中国人智慧的结晶，并且为人所熟知，给人们提供了解决问题的广泛选择（丛中，2008）。盖庆彬通过调查研究发现了谚语应用在心理健康方面的作用。他得出结论："谚语应用对心理健康的标准化路径系数达到了显著水平，故而谚语应用具有调节作用。谚语应用中的宽容进取因子对心理健康的影响最为明显，其次为自我安慰和顺应自适两个因子。"（盖庆彬，2011）说明应用谚语来调节情绪等心理健康问题是可行的，并且"宽容进取""自我安慰"和"顺应自适"的影响是最为有效的。

关于谚语实际应用到心理健康方面的研究还是较少的。高山英在《健康谚语新释》中将谚语分成心理健康、防病治病、良好习惯、膳食保健、果蔬养生、对症用药、体育锻炼、其他八大类（高山英，2006）。书中还列举一些谚语并作出分析，其中在心理健康方面的应用就体现了谚语与情绪问题的关系和作用，如"随遇而安""情急百病生，情舒百病除"等，使读者明理而得到开导劝慰和自我调节的效果。此外，杨红霞还探讨了谚语在心理活动课中的应用，通过在课堂上引用学生熟悉、贴近生活化、通俗易懂的谚语来达到缓解课堂紧张气氛或者呼应课题的效果。（杨红霞，2008）

二、焦虑概述

（一）焦虑的定义

焦虑是现代人普遍具有的情绪问题。学者从各自的学科角度对焦虑的概念做出界定。在精神分析学领域，弗洛伊德于 1906 年发表的《抑制、症状与焦虑》一文，介绍了焦虑性神经症的研究。他把焦虑定义为对危险的恐惧，是一种常见的神经症，还把焦虑分成三种：客观性焦虑、神经质的焦虑和道德性焦虑（沈德灿，2005），依次对应了因真实存在的危险产生的恐惧、对表现冲动的欲望而受到惩罚的恐惧以及对良知的恐惧。

在其他学科领域，"心理学把焦虑当作一种病态的心理疾患，哲学则把焦虑看成一种文化心理症候。焦虑有两种：病理型焦虑和生存性焦虑。生存性焦虑是对命运与死亡、罪与罚、空虚与无意义的焦虑"（王春荣，2007）。而《常见慢性病预防与控制》一书阐述了病理型焦虑的定义："当焦虑的严重程度和客观事件或处境明显不符，或者持续时间过长时，就变成了病理性焦虑，也称为焦虑症状，若符合相关诊断标准，就会被诊断为焦虑症。"（杨素萍，2013）

本文探讨的焦虑是心理健康方面的情绪问题，还没严重到可以被称为疾病的地步。因此，它既不是心理疾患也不是病理型焦虑。基于此，本文采用的是精神医学上的定义，即美国《精神障碍诊断与统计手册》第 4 版中的焦虑："忧虑地预期将来的危险或不幸，伴有情绪恶劣或躯体紧张症状"（杨权等，2006）。焦虑是从人类正常、平静和安全的感情中被分离出来的状态，是对未来事件过度担忧而产生的主观情绪，伴随着烦躁、恐慌、紧张、不安、忧愁等多种成分。如果焦虑过度，则会引发焦虑性神经症，严重影响日常生活。它与危急情况及难以预测、难以应付的事件有关。事过境迁，焦虑就可能解除。

（二）焦虑的范畴

焦虑是对亲人或自己的生命安全、前途命运等过度担心而产生的一种烦躁情绪，其中含有着急、紧张、恐慌、不安等成分。每个人都可能由于生活中的不顺利而产生焦虑情绪。现代人常见的焦虑有工作焦虑、社交焦虑、学习焦虑、就业焦虑和生活焦虑等。

（1）工作焦虑。造成工作焦虑的因素包括无法达成工作目标、无法适应新的工作环境、团队配合不当、同事之间的竞争、上下级关系处理不好等。

（2）社交焦虑。性格内向并喜欢独处、缺乏社交技能、过度看重他人的评价、情感的缺失、害怕在公开场合被过度关注和担心出丑、不和谐的家庭情感交流氛围等都会影响个人的人际交往观念、态度和能力，从而使人产生相关的社交焦虑。

（3）学习焦虑。产生学习焦虑的原因主要有：成绩现状不理想、厌学、升学的压力、排名竞争大而产生的压力、教师的课堂提问、老师同学的评价、家长厚重的期望等。

（4）就业焦虑。就业焦虑状况可以从四个角度来分析。社会：就业形势严峻，竞争压力大，就业制度不完善，就业市场不规范，用人单位的学历、性别歧视等；学校：就业指导体系不健全、心理辅导不够重视；家庭：家人就业观念的影响和过高的期望等；个人：自我能力认知偏差、悲观情绪、职业要求与自身技能的不匹配、缺乏实践锻炼、理论与实际脱节、期望的待遇标准过高等。

（5）生活焦虑。因为生活中各种难以完成的工作而产生焦虑，如技能很难学、朋友不理解、家庭不和睦、身体不舒服等生活问题引发焦虑情绪。

也有人按照焦虑的起因将其分为完成焦虑、定位焦虑、选择焦虑、环境焦虑和难度焦虑等。

（三）焦虑的特征

1. 广泛性

焦虑的内涵是丰富的，范围是广泛的。如果细分，可以有考试焦虑、就业焦虑、社交焦虑、网络焦虑、婚前焦虑、产前焦虑、情感焦虑、工作焦虑、术前焦虑等。正如前文所说，只要产生了难以应付的精神压力，我们就会焦虑。和压力一样，焦虑也是无处不在的，它体现在我们生活的方方面面。

2. 复杂性

焦虑引起的生理反应和情感反应是复杂的。"生理反应包括：心率增加、血压上升、失眠、疲乏和无力、声音发颤、心悸等；情感方面的反应包括：不安、紧张、不适、害怕、易激怒、压抑、慌乱恼火等。"（朴松花等，2007）焦虑的生理反应不是单一的表现，而是同时表现出多种反应。例如，学生的考试焦虑表现在考前的失眠、考试过程中的心率过快、心悸等。情感反应也不是单纯的一种情绪，而是多种情绪的糅合。比如面试焦虑，面试者通常会紧张、不安、害怕、压抑或过于兴奋等，此时的个人情绪是复杂的。

3. 双面性

众所周知，焦虑是一种负面情绪，它往往带给人们不良的情绪体验。但在一定程度上，焦虑还具有激励作用。适当的焦虑可以调动人的积极性，以良好的状态应对事件，来避免可能产生的不良后果。因此，焦虑也可以是促进个体发展的动力之一。

（四）焦虑的治疗方法

随着时代的发展，医疗卫生水平和心理健康研究水平也不断提高，治疗焦虑的方法逐渐多样化。本文不涉及药物治疗的方法，这里不再赘述。包祖晓提出了一些控制焦虑情绪的心理治疗方法，比较常用的有：自我放松疗法、认知疗法、精神分析疗法、系统脱敏疗法和森田疗法（包祖晓，2015）。除了以上五种，本文还涉及自我控制疗法、心理暗示疗法、注意转移疗法、语言开导疗法和来访者中心疗法五种心理治疗方法。

（1）自我放松疗法。

自我放松疗法是最常用的心理治疗方法之一，由于简单易操作，被大多数人接受和采用。它可分为三种：肌肉放松疗法、呼吸放松疗法和想象放松疗法。肌肉放松疗法通过放松和按摩肌肉，以减轻肌肉紧张造成的酸痛，从而减少肌肉紧张对焦虑的负面效应。这是用身体的放松舒适来应对情绪上的紧张不安等，达到精神上的松弛。呼吸放松疗法又称为呼吸控制术，焦虑者深而缓慢地呼吸，通过调节呼吸频率以放松身心。想象放松疗法，顾名思义是靠想象某些令人身心愉悦的场景或喜爱的事物来放松心情。

（2）认知疗法。

认知疗法是 20 世纪 70 年代发展起来的心理治疗方法，通过改变不良认知、矫正不良行为，以改善焦虑者的心理问题。其中比较著名的是艾利斯创建的合理情绪治疗，也称理性情绪疗法。"他认为人们持有的不合理信念总结起来有三个特征：绝对化要求、过分概括化和糟糕至极。"（山香教师招聘考试命题研究中心，2019）因而，合理的情绪治疗其实就是认知重组和改善观念的过程，从而影响个人行为，改变绝对化要求、过分概括化和糟糕至极的观念。

（3）精神分析疗法。

精神分析疗法是常用的心理治疗方法，其理论来源是弗洛伊德的精神分析。有些焦虑情绪是不明原因的，这是过度压抑某些情绪或欲望而导致。面对这种情况，可以寻求心理医生的协助，找到产生焦虑的原因，从而对症下药，解决潜意识的内心冲突。精神分析疗法包括五个部分，即自由联想、梦的解析、澄清、联接和解析（包祖晓，2015）。

（4）系统脱敏疗法。

系统脱敏疗法又叫交互抑制疗法，是由沃尔普首创的，是一种循序渐进消除焦虑的脱敏方法。焦虑者由轻到重将自己暴露在能引起焦虑的情境中，在此过程中配合着深呼吸等自我放松法，以达到逐步强化和适应焦虑情境的目的。

（5）森田疗法。

森田疗法又叫禅疗法，强调焦虑者要秉承"顺其自然"和"既来之则安之"的观念，不用过分关注焦虑情绪，自己做好自己的事，焦虑情绪就会自然消亡。焦虑者无须过多烦恼，从现在开始遵循自然发展规律，同时做些其他事情转移注意，并坚信焦虑情绪一定能排解。这在一定程度上也是能有效缓解焦虑情绪的，没有紧盯着自己处于焦虑状态这件事就是走向成功的第一步。

（6）自我控制疗法。

《焦虑障碍的诊断和治疗》中提到了自我控制技术。它需要焦虑者具有强大的意志力，持续进行自我检测和自我奖赏的行为，来改变不良行为和强化目标行为（杨权等，2006）。自我控制法的适用范围很广，可用于治疗各种焦虑障碍。如果能一直坚持，会有较好的效果。

（7）心理暗示疗法。

心理暗示疗法是心理医生通过对患者的解释、安慰、鼓励、保证等来治疗疾病的一种治疗方法，包括言语暗示、药物暗示、手术暗示、情境暗示等。心理暗示疗法分他人暗示和自我暗示两种。他人暗示是治疗者利用患者对他的信赖给予患者暗示以改变其心理状态，减轻或消除其心理的或生理的症状。自我暗示是患者通过自己的认识、言语、思维等心理活动调节和改变其身心状态。

（8）注意转移疗法。

吴玉红还提到了注意转移疗法。人们受焦虑困扰时容易坐立不安、胡思乱想，这时就可以使用注意转移疗法来暂时使自己平静下来。焦虑者可以进行自己喜爱的文体娱乐活动，如看书、听歌、看剧或者运动等，用自己的兴趣爱好转移注意力，使精神愉悦（吴玉红，2004）。

（9）语言开导疗法。

柯新桥总结了几种中医的心理疗法，其中最常见的就是语言开导疗法。它是最简便的一种心理治疗方法，在其他心理问题的诊断治疗中也往往会用到此法。语言开导即用语言来说服、鼓励和劝慰焦虑者，以减轻焦虑情绪造成的心理负担。焦虑者寻求老师、家人或者朋友的帮助，向其诉说自己的焦虑心理历程，而对方往往会使用言语来开导焦虑者，这属于语言开导疗法（柯新桥，2015）。

（10）来访者中心疗法。

罗杰斯创立的来访者中心疗法也称为患者中心疗法。"它的创立为心理咨询领域提供了一套全新的理念和方法。"（马建青等，2006）来访者中心疗法集中于来访者即焦虑者的内部心理表现，心理咨询师只需创建良好的环境，对其坦诚耐心、积极关注和感情理解即可。

三、民间谚语对焦虑治疗的辅助研究

民间谚语作为反映劳动人民生活经验的语言艺术结晶，具有一定的规范作用和调节作用。通过触发焦虑者的自身改变，从而影响其心理状态或行为方式，以达到自我心理调适的目的。可以将其辅助焦虑治疗的方法归结为以下几条途径：①放松情绪；②开阔心胸；③转移注意力；④放弃偏执；⑤积极交友；⑥增强自信；⑦乐观向上；⑧畅所欲言。本文按照以上八条途径对辅助焦虑治疗的谚语进行整理和分析，同时说明其对现代医学方法的补益。当心理工作者对焦虑者进行心理治疗时，可以辅以这些谚语，以民间的智慧精华辅助现代心理治疗方法，缓解人们的焦虑情绪，达到更好的治疗效果。

（一）放松情绪

很多民间谚语能够帮助我们放松情绪，可以很好地辅助焦虑治疗。例如系统脱敏疗法的重点是循序渐进，焦虑者通过由易到难的现场锻炼或任务操作，逐步摆脱焦虑情绪。接受治疗者需要认识到凡事都要有步骤，一步步来才能做好。可以辅助治疗的谚语有：

山是一步一步登上去的，船是一橹一橹摇出去的。（廖永民等，1981）
竹子是一节一节长起来的，功夫是一天一天练出来的。（廖永民等，1981）
葡萄是一点一点成熟的，事情是一件一件办成的。（廖永民等，1981）
万里长城是一块块砖砌成的，汪洋大海是一条条河流成的。（廖永民等，1981）
堡垒只能一个一个地夺取。（廖永民等，1981）
如果每天挖掉一些土，就是高山也能铲平。（廖永民等，1981）

自我放松疗法中有一种想象放松疗法。想象的内容可以是自己向往的生活场景，也可以是曾经的美好回忆，只要是自己喜欢的东西都能使自己感到愉快和轻松，这要求被治疗者摒除杂念，专注于身体的感觉或想象。可以辅助治疗的谚语有：

打套太极拳，赛过活神仙。（郑勋烈等，1996）
一动治百病。（武占坤，2000）
杨柳青，放空钟；杨柳活，抽陀螺；杨柳发，打茶茶（意为民间儿童玩具）；杨柳死，踢毽子。（赵宝忠，2013）

通过回忆各种运动玩乐场景，感受其中的乐趣，获得身心放松，达到心理治疗效果。

"当局者迷，旁观者清"，我们的先人通过民间谚语把人生智慧传递给后人，困难虽多种多样，但人们总能想出许多办法来战胜它，调节情绪，保养精神，达到身体健康的目的。

（二）开阔心胸

发自内心的愉快可使气血畅通、机能协调，促进身体健康，是治疗一切疾病的良药。注意转移疗法鼓励被治疗者专注于喜欢或感到快乐的事物，达到精神愉悦的目的。很多民谚帮助民众开阔心胸，挖掘生活中的快乐因子，可以辅助治疗的谚语有：

心旷神怡百病消。（郑勋烈等，1996）

高兴能把小病治愈，忧愁能使小病加重。（哈萨克族）（郑勋烈等，1996）

境由心造。（高山英，2006）

一乐解千愁。（高山英，2006）

心乐为良药，神伤致骨枯。（高山英，2006）

气恼成病，欢乐长命。（赵宝忠，2013）

心里痛快百病消。（赵宝忠，2013）

一个丑角进城，胜过一打医生。（赵宝忠，2013）

人生短暂一瞬间，多寻欢乐莫烦恼。（张一鹏，2004）

气恼酿成病，快乐延寿命。（廖永民等，1981）

（三）转移注意力

森田疗法倡导被治疗者不过分关注焦虑情绪，通过转移注意力来消解焦虑。可以辅助治疗的谚语有：

1. 遵循规律

按人口做饭，量身体裁衣。（赵宝忠，2013）

按倒的母鸡不下蛋。（赵宝忠，2013）

按牛头吃不得草。（赵宝忠，2013）

逼着公鸡下蛋，打着鸭子上架。（赵宝忠，2013）

2. 转换心境

凡事往好处想。（张一鹏，2004）

心无杂念治百病。（张一鹏，2004）

想开些，随它去，急生病，划不来。（张一鹏，2004）

心平气和是一药，行宽心静是一药。（张一鹏，2004）

心宽出少年。（谭树辉，2012）

病无良药，自解自乐。（赵宝忠，2013）

3. 顺其自然

见怪不怪，其怪自败。（赵宝忠，2013）

眼不见为净。（赵宝忠，2013）

眼不见，心不烦。（赵宝忠，2013）

勿药而痊。（高山英，2006）

凡事任其自然，遇事处之泰然；得意之时淡然，失意之时坦然；艰辛曲折必然，历尽沧桑悟然。（高山英，2006）

一切淡忘，一切放开。（张一鹏，2004）

善良是营养素，宽容是调节阀，乐观是不老丹，淡泊是免疫剂。（张一鹏，2004）

（四）放弃偏执

中国的贫苦百姓命运多舛，无论是"中庸隐忍"的文化大传统还是残酷的社会现实都在磨砺他们的棱角，促使他们放平心态、坚韧顽强。他们相信事物发展到一定程度，办法自会应运而生、问题总会解决。这种人生态度融入民谚中，可以辅助焦虑治疗。认知疗法用于治疗由绝对化理念产生的焦虑，后者表现为遭遇失败后全盘否定自我，认为自己一无是处。要改变偏执的认知，就要学会用全面的观点看待问题，以找到自己的优点和长处，增强自信心。可以辅助治疗的谚语有：

1. 放平心态，战胜困难

暴雨不会落整天，单身不会孤一世。（侗族）（高山英，2006）

别愁浮云遮日，风吹浮云散；别怕严寒彻骨，春到寒自消。（张一鹏，2004）

困难常常有，千万别低头。（谭树辉，2012）

没有爬不过的山，没有渡不过的河。（武占坤等，1997）

百日阴雨总有一朝晴。（赵宝忠，2013）

车到没恶路。（赵宝忠，2013）

车到山前必有路，船到桥头自然直。（赵宝忠，2013）

浪再大挡不住鱼穿水，山再高遮不住太阳红。（赵宝忠，2013）

落潮总有涨潮日。（赵宝忠，2013）

没有过不去的涯。（赵宝忠，2013）

门门有路，路路有门。（赵宝忠，2013）

否极早生泰。（赵宝忠，2013）

桥连路，路通桥。（赵宝忠，2013）

人有四百病，医有八百方。（赵宝忠，2013）

山里莫替湖里人愁，吃了莲子有莲藕。（赵宝忠，2013）

是福不是祸，是祸躲不过。（赵宝忠，2013）

守到云开月自明。（赵宝忠，2013）

水到檐前便开沟。（赵宝忠，2013）

天不生无路之人。（赵宝忠，2013）

天塌不了，地陷不了。（赵宝忠，2013）

天下无难事，只怕有心人。（赵宝忠，2013）

天阴总有晴天时，受苦人总有翻身时。（赵宝忠，2013）

物极则反，人急生智。（赵宝忠，2013）

用心打石石自穿，怕难万事不可行。（赵宝忠，2013）

有山就有路，有河就能渡。（赵宝忠，2013）

有上不去的天，没过不去的关。（赵宝忠，2013）

再平的路也会有几块石头。（赵宝忠，2013）

年年难过年年过，办法总比困难多。（郑勋烈等，1996）

困难九十九，难不倒两只手。（郑勋烈等，1996）

有山必有路，有水必有渡。（郑勋烈等，1996）

路不管怎么远，也有终止的地方；夜不管怎么长，也有黎明的时候。
（蒙古族）（郑勋烈等，1996）

2. 脚踏实地、持之以恒

百尺高楼从地起。（赵宝忠，2013）

百炼才成钢。（赵宝忠，2013）

扳山山倒，挖海海干。（赵宝忠，2013）

唱戏还要有个过场。（赵宝忠，2013）

鹅卵石子也有翻身日。（赵宝忠，2013）

黄河尚有澄清日，岂可人无得运时。（赵宝忠，2013）

热饭不能热食。（赵宝忠，2013）

人急办不了好事，猫急逮不住耗子。（赵宝忠，2013）

射虎不成重练箭，斩龙不断重磨刀。（赵宝忠，2013）

现喂鸡不下蛋。（赵宝忠，2013）

世上无难事，只要肯攀登。（武占坤等，1997）

绳锯木头断，水滴石头穿。（武占坤等，1997）

粒米凑成箩，滴水流成河。（武占坤等，1997）

一锹不能挖个井，一口不能吃个饼。（武占坤等，1997）

急于求成，一事无成。（傣族）（高山英，2006）

从容镇定能获胜。（高山英，2006）

只要逆流而上，就能找到水的源头。（傣族）（朱德根等，1986）

3. 正视失败，吸取教训

吃一回亏，学一回乖。（郑宏峰等，2008）

失败中有教训，成功中有经验。（廖永民等，1981）

碰一次钉子，长一次见识。（廖永民等，1981）

困难里包含着胜利，失败里孕育着成功。（廖永民等，1981）

挨一拳，得一着；挨十拳，变诸葛。（赵宝忠，2013）

哀兵必胜，骄兵必败。（赵宝忠，2013）

败棋有胜着。（赵宝忠，2013）

胜败乃兵家常事。（赵宝忠，2013）

4. 相信自己，不急不躁

迟开的花未必不香艳。（赵宝忠，2013）

好酒不怕巷子深。（赵宝忠，2013）

蝴蝶都是蛹变成的。（赵宝忠，2013）

莫道蛇无角，成龙也未知。（赵宝忠，2013）

七十二行，行行出状元。（赵宝忠，2013）

如果是明珠，放在哪里也闪光。（蒙古族）（赵宝忠，2013）

一百二十行，行行都好着衣吃饭。（赵宝忠，2013）

任从风浪起，稳坐钓鱼船。（赵宝忠，2013）

天无绝人之路。（赵宝忠，2013）

尽人事，听天命。（赵宝忠，2013）

莫问收获，但问耕耘。（赵宝忠，2013）

迟花晚开，大器晚成。（张一鹏，2004）

办事有成有败，不办事则全败。（廖永民等，1981）

只要比赛就有一胜，只要肯学就有一成。（蒙古族）（朱德根等，1986）

5. 摒弃苛求，尽力而为

强中自有强中手，一山还有一山高。（郑勋烈等，1996）

山外有山，天外有天，人外还有人。（郑勋烈等，1996）

人有失足，马有失蹄。（郑勋烈等，1996）

出色的鼓手也有漏拍的时候。（赵宝忠，2013）

甘蔗没有两头甜。（赵宝忠，2013）

割掉疮疤就是好肉。（赵宝忠，2013）

蛤蟆有时也会被泥陷住。（赵宝忠，2013）

好马也有失蹄。（赵宝忠，2013）

猴子精灵，不知道解索索。（赵宝忠，2013）

坏竹也能出好笋。（赵宝忠，2013）

皇帝身上也有三个御虱。（赵宝忠，2013）

黄金无足色，白璧有微瑕。（赵宝忠，2013）

会弹拉的不一定会唱，会使刀的不一定会用枪。（赵宝忠，2013）

就是一条龙，也搅不动三江水。（赵宝忠，2013）

林中有弯树，世上无完人。（赵宝忠，2013）

没有人是一无所能的，也没有人是万能的。（赵宝忠，2013）

每颗谷粒都有它的糠皮。（赵宝忠，2013）

每条小径都有坑洼。（赵宝忠，2013）

猛虎尚有打盹时，骏马也会偶失蹄。（赵宝忠，2013）

哪个人也不全，哪个车轮也不圆。（赵宝忠，2013）

牛马还有打前失的时候。（赵宝忠，2013）

千里马也有一蹶。（赵宝忠，2013）

巧手难使两根针。（赵宝忠，2013）

人非圣贤，孰能无过。（赵宝忠，2013）

删夷枝叶的人，决定得不到花果。（赵宝忠，2013）

市上哪有没核的枣。（赵宝忠，2013）

网好鱼篓破，好人也有过。（赵宝忠，2013）

小塘能养大鱼，软绳能套猛虎。（赵宝忠，2013）

一刀没有两边利。（赵宝忠，2013）

别因为犯了一点错误，就说他一切不好。（朱德根等，1986）

十个指头有长短，世上谁人无缺点。（谭树辉，2012）

人无十全，瓜无滚圆。（武占坤等，1997）

金无足赤，人无完人。（武占坤等，1997）

针无两头锋利。（武占坤等，1997）

圣人也有三分错。（武占坤等，1997）

猛虎尚有打盹时，骏马也会偶失蹄。（武占坤等，1997）

（五）积极交友

西方有句谚语：一个知心朋友胜过半个心理医生。民间谚语既诠释了朋友的重要性，也揭示了交友的准则，辅助语言开导疗法治疗焦虑。

1. 知心朋友，人生宝藏

胃病需要好药，心病需要良言。（锡伯族）（郑勋烈等，1996）

交上一对好朋友，胜过二对亲兄弟。（郑勋烈等，1996）

一分忧愁，酒饭可以解；十分忧愁，朋友才能解。（哈萨克族）（郑勋烈等，1996）

骑快马的，感觉不到路远；朋友多的，感觉不到困难。（鄂伦春族）（郑勋烈等，1996）

蜜糖算最甜，友谊的话比蜜糖还甜。（瑶族）（郑勋烈等，1996）

手里有一百个金元宝，不如有一个知心。（哈萨克族）（郑勋烈等，1996）

朋友多，智慧多。（郑勋烈等，1996）

话是开心的钥匙。（赵宝忠，2013）

生病用药治，心病用话治。（贾同淮等，2002）

一席宽慰话，赛过一帖药。（高山英，2006）

对医生来说，懂得安慰就像使用草药那样重要。（张一鹏，2004）

有好马不怕路远，有好友不怕事难。（蒙古族）（张一鹏，2004）

朋友多，好爬坡。（张一鹏，2004）

发乱找梳子，心乱找朋友。（张一鹏，2004）

学艺要访名师，求援要找好友。（张一鹏，2004）

没有不需要翅膀的鸟，没有不需要朋友的人。（蒙古族）（张一鹏，2004）

虽是船，没有水手不行；虽有才，没有朋友不行。（蒙古族）（张一鹏，2004）

结得好人缘，不怕做事难。（谭树辉，2012）

好汉再有本事，也要有个后援。（藏族）（朱德根等，1986）

在家靠父母，出门靠朋友。（武占坤，2000）

多个朋友多条路，多个对头多堵墙。（武占坤，2000）

财富不是朋友，朋友才是财富。（武占坤，2000）

美丽的船需要船桨才能摆渡；高明的人也需要同志帮助。（廖永民等，

1981）

两个人共尝一个痛苦，只有半个痛苦；两个人共享一个快乐，分成两个快乐。（廖永民等，1981）

2. 主动交友，以诚相待

人心换人心，八两换半斤。（郑勋烈等，1996）

浇树浇根，交友交心。（郑勋烈等，1996）

你有来言，我有去语。（郑勋烈等，1996）

人心都在人心上。（赵宝忠，2013）

人情一把锯，你不来，我不去。（赵宝忠，2013）

为臣当忠，为友当义。（武占坤，2000）

炼钢要烈火，交友要诚心。（廖永民等，1981）

谁要求没有缺点的朋友，谁就没朋友。（廖永民等，1981）

3. 互敬互爱，推己及人

礼多人不怪。（郑宏峰等，2008）

礼无不答。（郑宏峰等，2008）

让礼一寸，得礼一尺。（郑宏峰等，2008）

当着矬人，不说短话。（郑宏峰等，2008）

人敬我尺，我还人丈。（武占坤，2000）

得人一牛，还人一马。（武占坤，2000）

吃人一口，报人一斗。（武占坤，2000）

话到舌边留半句，事到理上让三分。（武占坤，2000）

话要想着说，不要抢着说。（武占坤，2000）

说话要有分寸，办事要有余地。（武占坤，2000）

到什么山唱什么歌，见什么人说什么话。（武占坤，2000）

对秀才谈书，对屠户谈猪。（武占坤，2000）

守着矬子甭说短，守着秃子甭说光。（武占坤，2000）

说话别揭短，打人别打脸。（武占坤，2000）

（六）增强自信

有些谚语告诉我们只要有信心，就能克服困难并获得成功，可以辅助心理暗示疗法治疗。如焦虑者在考前可以在心中默念，"我能应付这个考试！"以强化自信心，降低焦虑程度，从而逐步得到放松，发挥出最佳水平，达到摆脱焦虑的目的。相关谚语如下：

希望是忧愁的最佳音乐，自信是成功的第一秘诀。（张一鹏，2004）

充满信心，天天美好。（张一鹏，2004）

动手干必能成功，专心学必能学成。（蒙古族）（张一鹏，2004）

困难像弹簧，看你强不强；你强它就弱，你弱它就强。 （谭树辉，2012）

成事在天，谋事在人。（谭树辉，2012）

勇往直前是成功的方向。（廖永民等，1981）

草有灵芝木有椿，禽有鸾凤兽有麟。（郑宏峰等，2008）

（七）乐观向上

来访者中心疗法提出焦虑者有积极向上和调解情绪的强大潜力，自我表达的过程就是自我引导和解决问题的过程，凭借的是自身的治愈能力。这种疗法不需要咨询师的干预，只是要有人充当一个安静但富有表情的倾听者。焦虑者在自由的自我对话中，实现情绪的宣泄和排解。有些民谚正是强调为焦虑者提供整洁温暖的环境，鼓励他们大胆表达，以平复心灵上的创伤，使人焕发活力。如：

大吼大叫消百愁。（高山英，2006）

常聊天，心康健。（高山英，2006）

暖风医病草。（赵宝忠，2013）

扫地如清心。（赵宝忠，2013）

说说唱唱，有益健康。（郑励烈等，1996）

说出口的话是良药，闷在心里的事是病。（藏族）（朱德根等，1986）

（八）畅所欲言

精神分析疗法鼓励焦虑者畅所欲言，将脑中浮现的念头、意象或者情境说出来，治疗者通过焦虑者的言语判断心理状态和其焦虑成因，医生对焦虑者讲述的重要行为表现给予解释，让焦虑者理解潜意识的隐意。从解决思想问题入手，焦虑的症状就会得到缓解，自身也能根据成因来调整焦虑的情绪。可以辅助治疗的谚语有：

称能量轻重，话能量人心。（廖永民等，1981）
要知心腹事，但听口中言。（赵宝忠，2013）
闻音知鸟，闻言知人。（赵宝忠，2013）
言为心声，文如其人。（李耀宗，2008）
自身有病自心知，身病还须心自医。（张一鹏，2004）
看得破，逃得过。（郑宏峰等，2008）

四、民间谚语辅助焦虑治疗的文化密码

通过整理与对照，我们发现在民间自然传承的谚语在缓解焦虑情绪方面竟然与科学的医疗方法有异曲同工之用，究其原因，大致有三：

首先，中国民谚来源于广大民众的生产生活。民谚中创作题材涉及种植、养殖、畜牧、狩猎等生产方式，也取材于衣食住行、婚丧嫁娶、美术音乐、游艺医疗等生活内容，甚至还提及各种常见的动植物和生活场景。民谚的表达方式质朴直白，娓娓道来，富有亲切感，语言口语化，充满乡土气息。阅读民谚，似乎在与家乡好友叙旧，把焦虑者带入熟悉、温馨的日常生活世界，在不知不觉中卸下他们精神上的盔甲和重负，使他们进入治疗状态。焦虑是对某些状况的过度担心而产生的一种烦躁情绪，放松身心是缓解焦虑的第一步，民谚由于其在取材、创作、语言上的特点，发挥了缓解焦虑情绪的功效。

其次，民谚是中国社会大传统和小传统的融汇之果。它承载着中国社

会的儒家伦理道德，仁义礼智信在其中都有体现。如"财富不是朋友，朋友才是财富""人敬我尺，我还人丈""与朋友交，言而有信"等。同时民谚也承载着劳动人民朴素的价值观、家庭观、审美情趣和爱憎情感，如"蝴蝶都是蛹变的""网好鱼篓破，好人也有过""夫妻好，运气多"等，尤其是长期生活在社会底层的人，他们以坦然的生活态度适应恶劣的环境："人生短暂一瞬间，多寻欢乐莫烦恼""有山就有路，有河就能渡""败棋有胜着"等体现出普通劳动者令人赞叹的生存之道。可以说，民谚是祖先流传下来的智慧结晶，以简练精准的语言概括人生哲理，劝导焦虑者接受现实、包容大度、积极乐观，以达到良好的治疗效果。

最后，民谚以传统社会的合理性治愈现代社会的症结。说到底，全民焦虑症是现代高科技、快节奏社会的顽疾。为什么物质生活越富有，人们越想过极简生活？城市化进程越快，人们越想念乡村生活？因为现代社会导致的很多心理、精神问题需要回到传统社会寻找治疗办法，以传统的方式解决现代的问题。民谚产生于传统时代，反映农业生活，蕴含生活智慧，以柴米油盐酱醋茶应对虚幻的网络世界，以宽慰妥协应对激烈的竞争，以慢生活应对快节奏。民谚为焦虑者提供了一个暂时的避难所，赋予他们缓解和疗愈的情境，帮助他们自我救赎。

五、民间谚语辅助焦虑治疗的可行性与价值

以民间谚语辅助焦虑治疗是一个创新性研究课题，既有可行性，也存在一定局限性。可行性表现在四个方面：一是具有理论基础。民间谚语与文化治疗理论和科学治疗方法相融通，从而辅助焦虑治疗。二是资源丰富。民间谚语数量巨大，各个国家、各个地区、各个民族都传承着大量蕴含鼓励、劝慰和开导意味的哲理性语言，可以作为缓解和排遣焦虑情绪的资源储备。三是方法简便。谚语辅助治疗的方法简单易操作，焦虑者只须自主阅读相关的谚语书籍，从中汲取有治疗功能的精神养分即可。四是无副作用。传统药物治疗虽然能够帮助患者缓解焦虑、恐惧、沮丧、失眠等症状，但是具有头晕、恶心、食欲减退、多汗等副作用，而且停药后易复发。民谚辅助治疗焦虑属于心理疗法，对焦虑者没有不良影响，而且治愈后不容易复发。但是，民谚多产生于封建时代，受生产力水平、认知能力

和意识形态的限制，内容良莠不齐，甚至少部分谚语还有封建迷信和糟粕的成分。所以，要先挑选、鉴别、整理，才能合理使用。

总之，通过民间谚语辅助焦虑治疗，既有其合理性也有其可行性，希望越来越多的现代人通过传统民间谚语消解焦虑情绪，使民间谚语发挥出更大的社会价值和现实功能。

参考文献

[1] 包祖晓. 焦虑症诊治心悟 [M]. 北京：人民军医出版社，2015：168-220，189-191.

[2] 陈华. 医学人类学导论 [M]. 广州：中山大学出版社，1998：4.

[3] 丛中. 在中国人的心理治疗中谚语的应用（英文）[C] //世界心理治疗学会. 第五届世界心理治疗大会论文摘要，2008：185.

[4] N. Frye. Literature as critique of pure reason，myth and metaphor [M]. Ed. R. D. Denham. The University Press of Virginia，1990：168-182.

[5] 盖庆彬. 大学生面对挫折时谚语应用与心理健康之关系研究 [D]. 哈尔滨：哈尔滨工程大学，2011，12-13，33.

[6] 高山英. 健康谚语新释 [M]. 北京：中国时代经济出版社，2006：1-201，271，345，410，737.

[7] 何丹兰. 从文学治疗看安房直子作品的心灵疗治与回归 [J]. 科教文汇（中旬刊），2015（11）：142.

[8] 贾同淮，张振华. 青少年人生修养谚语 [M]. 石家庄：河北少年儿童出版社，2002：1-212.

[9] 柯新桥. 中医心理治疗方法之研讨 [J]. 湖北中医杂志，2015，（3）：45-46.

[10] 李鹏程，罗媛. 文化心理学的人类学之根：论20世纪美国人类学中的文化心理学研究 [J]. 首都师范大学学报（社会科学版），2018（4）：155.

[11] 李耀宗. 中国谚学若干问题谭要 [J]. 海南大学学报（人文社会科学版），2001（1）：29-30.

[12] 李耀宗. 民间谚语谜语 [M]. 北京：中国社会文献出版社，2008：62-98，107.

［13］廖永民，曹一凡等．谚语选［M］．郑州：河南人民出版社，1981：7，23，24，31，36，74，88，112，115，117．

［14］林倩．"神药两解"的民族学研究：以湖北秭归地区"端公救蛇"为例［D］．恩施：湖北民族学院，2016：23．

［15］刘桂荣．大学生负性情绪问题的文化调适研究：基于中国优秀传统文化资源［D］．芜湖：安徽师范大学，2014：49．

［16］刘桂荣．诊治精神疾病　追寻生命意义：西方文化治疗理论评述［J］．安徽师范大学学报（人文社会科学版），2017，45（1）：39－44．

［17］刘若楠．认知行为疗法治疗焦虑症患者的临床疗效观察［J］．世界最新医学信息文摘（电子版），2014（4）：70．

［18］刘守华，陈建宪．民间文学教程［M］．武汉：华中师范大学出版社，2009：139．

［19］刘旭青．浙江谚语的文化功能及其价值研究［M］．杭州：浙江大学出版社，2010：4－6．

［20］马建青，王东莉等．心理咨询流派的理论与方法［M］．杭州：浙江大学出版社，2006：160．

［21］朴松花，李春玉．焦虑的概念分析［J］．吉林医学杂志，2007（2）：182．

［22］山香教师招聘考试命题研究中心．广东省教师招聘考试教材·教育教学理论基础·通用能力测试2020版［M］．北京：首都师范大学出版社，2019：390．

［23］沈德灿．精神分析心理学［M］．杭州：浙江教育出版社，2005：70．

［24］谭树辉．班主任推荐·青少年成长必读书·谚语［M］．南昌：江西美术出版社，2012：41，48，102，107，137．

［25］王春荣．意义的生长与阐释：新时期文学的主题学研究［M］．沈阳：辽宁人民出版社，2007：138．

［26］吴玉红．当前大学生焦虑情绪初探［J］．内蒙古农业大学学报（社会科学版），2004，6（4）：147．

［27］武占坤，马国凡．谚语［M］．呼和浩特：内蒙古人民出版社，1997：1－445．

［28］武占坤. 中华谚谣研究［M］. 保定：河北大学出版社，2000：115 – 302.

［29］徐静. 中国俗语与心理治疗［M］//曾文星. 文化与心理治疗. 北京：北京医科大学、中国协和医科大学联合出版社，2002：172 – 176.

［30］许晋，李树新. 20 世纪中国谚语搜集整理与出版［J］. 中国出版，2016（18）：64 – 66.

［31］杨红霞. 浅谈谚语在心理活动课中的运用［J］. 中小学心理健康教育，2008（15）：39.

［32］杨权，张献共. 焦虑障碍的诊断和治疗［M］. 成都：四川科学技术出版社，2006：5 – 6，330.

［33］杨素萍. 常见慢性病预防与控制［M］. 兰州：甘肃科学技术出版社，2013：220.

［34］叶舒宪. 文学与治疗［M］. 增订本. 西安：陕西师范大学出版社，2018.

［35］叶舒宪. 文学治疗的原理及实践［J］. 文艺研究，1998（6）：82.

［36］张沛超. 心理治疗的哲学研究：心理治疗的基本范畴及其应用［D］. 武汉：武汉大学，2012：118.

［37］张廷兴等. 中华民俗一本全［M］. 南宁：广西人民出版社，2013：356.

［38］张潇爽，徐艳红. 当前中国人为何焦虑？焦虑程度几何？［J］. 人民论坛，2013（9）：17.

［39］张一鹏. 谚语大典中外谚语分类选编［M］. 上海：汉语大词典出版社，2004：1 – 875.

［40］赵宝忠. 中华谚语［M］. 北京：中国经济出版社，2013：1 – 628.

［41］郑宏峰，姜瑞良. 中华谚语（第 1 册）［M］. 北京：线装书局，2008：1 – 188.

［42］郑勋烈，郑晴. 中国谚语［M］. 上海：东方出版中心，1996：1 – 352.

［43］周建新，钟庆禄. 客家喊魂习俗研究［J］. 青海民族大学学报（社会科学版），2018，44（1）：99 – 105.

［44］朱德根，吴光文，陈魁元等．中国谚语选［M］．南宁：广西人民出版社，1986：267，378，468，485.

［45］宗慧坚．中华谚语辞书编纂的回顾与展望［J］．辞书研究，2018（6）：16.

广州世居满族民间口承文学调研

　　民间口承文学是广州世居满族民俗生活的重要组成部分，在满族民众移居广州的岁月中，他们通过口承文学建构族群的历史记忆，传递信仰观念，记录生活习俗，民间口承文学成为他们强化族群情感，在开放的异质环境中保存族群认同的有效方式之一。

　　满族的崛起和入主中原充满传奇色彩，伴随这一过程，满族民众创作和传承了大量瑰丽的神话和美丽的故事、歌谣。1981 年，春风文艺出版社出版了满族历史上第一部民间故事集《满族民间故事选》（第一集、第二集），其后又有大量故事集问世，如《满族民间故事选》（乌丙安等编）、《满族三老人故事集》（张其卓、董明整理）、《满族神话故事》（傅英仁搜集整理）、《满族古神话》（爱新觉罗·乌拉熙春著）、《七彩神火》（育光搜集整理）、《尼山萨满传》（赵展译）、《清太祖传说》（金洪汉编）、《康熙的传说》（王宏刚等编）、《乾隆的传说》（薛理等编）、《曹雪芹的传说》（张嘉鼎著）、《满族民歌集》（博大公等主编）等（赵志忠，1994）。这些口承文学中有以反映原始部落围猎场面征战及原始宗教、淳厚的先民民风为主要内容的古老传说；有以努尔哈赤、皇太极等为主人公的创业传说；有以展示满族先民在恶劣自然环境中生产、生活场景的生活故事；也有以人参、棕熊、东北虎、大马哈鱼、乌拉草等组成的反映满族发源地特有物产的动植物故事及由此派生出来的风俗传说。这些口承民间文学作品流布在山间、田里、村庄中、军营里，是维系民族意识和共同心理素质的文化因子。随着八旗部队驻防全国各地，这些故事也随着传播载体一起流布到全国各地的八旗军营中。在广州世居满族中流传的故事有《祖宗袋的故事》《包饽饽的传说》《大天仓的来历》《腊八粥的来历》《牛仔树》和

《熊人婆》六则；歌谣有《月光光》《跑白马》《钉三星》《方四姐》《打贴歌》《花生生》《麻雀仔》等①。不仅故事的数量少了很多，故事的形态、传承方式和功能与满族传统故事也存在相当大的差异。通过对这些故事的解析，可以从故事素材中解读出广州世居满族对族群历史的重构，对族群特质的保留。

一、广州世居满族口承文学的形态解析

（一）故事中的历史记忆

八旗官兵驻防广州已有 150 余年，如果以 20 年为一代计算，辛亥革命前已经延续了七八代。这些移民的后人对祖先如何来到南方，或者再早一些，如何以弱小之势征服中原的了解越来越模糊，更不用讲民族的起源和壮大过程了。对于祖先历史的记忆与传承，汉民族的宗法社会中采取祖宗礼教来强化，少数民族中有长篇的叙事史诗，在诞生礼、婚礼、葬礼等特定场合演唱，以达到宣讲的目的。在几百年间迅速崛起和汉化的满族，已经脱离了后进民族的原始性，但是他们并没有形成类似汉族的礼教体系，因此，民族历史的记忆与宣讲更多地蕴含在民间故事中。《祖宗袋的故事》讲述：

"满族人原居住在东北黑龙江，后迁移长白山一带，故有'白山黑水'之称"，"后来离开东北老家到关内"。（汪文鹰，1994）

关于东北的生态环境，《包饽饽的传说》里讲：

"很久很久以前在东北老家时，挨近长白山麓的一个村庄，时常有老虎出没"，"广州满族人的祖先（称为'落广祖'）在东北老家时，曾经遇到了坏人的欺压"。（汪文鹰，1994）

---

① 这些作品系汪文鹰、郎珍、余秀贞等人于 1957 年和 20 世纪 80 年代初收集整理，收录在《广州满族简史》《广东满族志》《越秀区满族志》等书中，据笔者了解都是从当时的满族老人口中收集到的，是当年流行于旗营中的作品，但是具体姓名没有记录。当笔者再去访问收集时，他们向笔者推荐以上书中记录的文本，大家的讲述也以此为蓝本。

宋金时建州女真仅是松花江下游和黑龙江地区的弱小部落，后来在南迁的过程中也与女真的其他部落、其他民族和辽东汉族纠纷不断，直到十六世纪末努尔哈赤起兵统一女真各部才逐渐确立统治地位，《包饽饽的传说》也提道：

"满族领袖努尔哈赤称王（罕王）后第一次打了胜仗回来，在他老家的京城（新宾的赫图阿拉）庆功，亦包饽饽赏给下属，意思是祝贺团结胜利。到后来，凡打胜仗，都包饽饽来庆功，因为打胜仗是喜事，从而逐渐扩展到凡有喜庆以至节日都包饽饽。"（汪文鹰，1994）

满族起源、发展的历史线索逐渐凸显出来。此外，广州满族中的民间故事也真实记录了满营中的生活，将之以一种历史记忆的方式保留下来，如在《腊八粥的来历》中讲道：

"这腊八粥的起因，亦是很有趣的，也反映了过去满族人的生活状况，原先满族人到广州后，都是食粮当差的，初时，清政府对这一批当兵的满族人生活待遇还算好，是有屋住，有饭食，生活颇为温饱，及后，因人口增加，物价上涨，而清政府又陷于内忧外患，本身已是自顾不暇，对这批旗兵的粮饷是绝无增加，因而生活一日差过一日，尤其是遇到过年过节，更是难以应付……"（汪文鹰，1994）

反映了满族落广祖的真实生活历程。

（二）故事中的信仰观念

在口头文学创作中，民众展示了丰富而奇妙的精神世界，信仰是其中的重要部分。满族民间文学反映了满族人民的原始信仰观念，包括大自然崇拜、图腾崇拜、祖先崇拜、灵物崇拜等。在广州满族为数不多的故事作品中同样蕴含着原始信仰的幽光。满族先民非常重视祖先崇拜，他们把那些生前为氏族和部落立下功勋的人视为氏族、部落的英雄加以崇拜、敬仰，有时这些英雄还被尊为氏族和部落的保护神。《祖宗袋的故事》中有一位好心的"阿妮妈"，她帮助满族人民制服了坏人，解救了受欺压的满族群众。"这位'阿妮妈'是住在长白山的，虽是一个妇女，但做事公平，聪明能干，并有很好的武艺，而且为人心地善良，肯帮助人，对劳动人民很为爱护，满族人民当她为有道德的'活菩萨'，故尊称她为'佛德妈妈'，表示尊重之意。"阿妮妈即被尊为满族部落的保护神加以崇拜，"佛德妈妈"在东北叫作"佛托妈妈"，佛托是满语，意为"求福跳神竖立的柳枝"。满族长期生活在河岸和山沟洼地，那里长满粗大而茂盛的柳树，其生命力极强，满族将子孙繁荣的愿望寄托于柳树，故将柳树的化身——佛托妈妈视为自己民族的始母神。在这则故事中，阿妮妈被满族人民尊为"佛托妈妈"，是保佑民族繁荣平安的始母神。满族祖先崇拜中有大量对女祖先的崇拜，这与满族经历母系社会阶段比较晚有密切关系。

满族先民崇信"万物有灵"，常视与生活密切相关的物品为灵物，加以崇拜。东北多桦树，满族先民取其皮做成各种器具，在宁古塔一带流传大量有关桦皮器具的故事，像《桦皮锅》《桦皮篓》《桦皮威虎》等都是颇具特色的灵物故事，百姓希望通过顶礼膜拜获得庇佑（汪丽珍，1990）。《大天仓的来历》叙述说，"在每年农历正月二十五日，广州满族人就有拜米缸习惯"，他们拜的是"仓廪神"，即主管粮仓的神灵，至于为什么满族人会拜起米缸来，讲起来有一段神奇的故事：

"据说从前在老家长白山有个管理粮仓的官，名字叫作'仓廪'，他不只为人忠诚老实，做事负责任，爱护老百姓，而且还很懂得种植农作物，还常常教群众种好庄稼。'仓廪'后来成了'神'，仍管粮食。从此风调雨顺，连年丰收，粮食贮满仓，使满族人个个不忧粮、不忧米，满族人甚为崇拜他、尊敬他，把他当为'仓廪神'安奉在粮仓里，将每年正月二十五日仓廪的生日，称食粮，故无法在粮仓里安上仓廪神，但是对仓廪神非常感恩。来粤之初，不少满族人只好将家里的米缸暂作为粮仓来拜祭，后来在满族中有一位有威望的老者，半开玩笑半自豪地讲：我们这个'粮仓'比天还大，大家觉得又有意思又有道理，于是一唱百和，就将米缸做粮食来拜祷，并名之为'大天仓'，俗称为'米缸诞'。于是，每年正月二十五日，家家户户都用面粉加入生油、五香粉、盐水搓成面饼式，再在油锅炸成'烙饼'，即用大米饭搓烂加入适量盐水和面粉制成'饭卷'，和一些炖猪肉拜米缸，既祝愿国家粮食丰收，也祝愿家里米缸常满。"（汪文鹰，1994）

对仓廪神的来历，满族民众附会了一段世俗化的传说，这其实是满族先民灵物崇拜的遗存。在当今东北地区的满族人中仍然存在"仓廪信仰"，"正月二十五大天仓节，盛一碗黄米饭放在粮仓里，祈祷五谷丰登"①。

（三）故事中的生活习俗

短短的半个多世纪，满族迅速崛起建立政权，分布在全国各地。这使得全国各地域的满族民间故事具有鲜明的区域性，无论在内容、风格上，还是作品表现出来的民族气质、心理结构、民俗风情及审美情趣上都有很大差异。例如东北区域内满族民间故事描绘的是清前史时期满族先民社会生活的图画，洋溢着古朴、粗犷、憨厚的风格；而清帝王的避暑胜地承德地区的满族民间故事反映的则是清代满族尤其是上层社会的社会生活，以康乾二帝的传说为代表，由于经受汉化时间较长且区域的封闭性较强，其整体风格的民族性相对淡薄，体现出一种非汉非满的鲜明地方特色（朱彦华，1992）。在广州满族中传承的口头文学作品更关注下层民众的世俗生活，记述了大量生活习俗。如除夕时向长辈辞岁，拜"祖宗袋"：

"过去在广州满族的家庭里，大厅中的西边墙上挂着一个布袋，布袋是用黄色或红色布做的，大概长一排钱尺，宽有八寸左右，这种布袋满族人称为'祖宗袋'，到了每部落年除夕即年三十晚的时候，满族人用一种特别的礼节，就是向长辈辞岁，因为他们对老人家是特别敬重的，在除夕当晚吃完团年饭后，全家人都要回家向长辈辞岁，祝长辈们健康长寿。辞岁的形式是向长辈叩头，然后由长辈给卑辈一点压岁钱，俗称'利是'，这点与汉族相似。但在向长辈叩拜之前，首先要向'祖宗袋'叩拜。"（汪文鹰，1994）

"祖宗袋"是东北满族"祖宗匣子"的变体，在满族的祖先祭祀中是

---

① 访谈对象：XYA，满族，60岁左右，本溪市南芬区思山岭（满族）乡石湖沟村人，曾经担任过乡经营管理站站长、副乡长，最后在南芬区林业局退休，20世纪80年代曾经参与三套集成的收集整理工作。他祖籍山东，祖先从山东移民到东北，从祖父一辈开始定居在石湖沟村，入了旗籍，他的外祖母是满族人。访谈时间：2003年1月21日。访谈人：关溪莹。

祖先的象征：

"装在里面的物品有衣服、弓箭模型、匙羹、筷子，还有谷粒大麦等，这些都是广州满族落广祖离开家乡带来以作纪念的一些物品。满族子孙为了尊敬先人，不随便观看它们。据说将'祖宗袋'挂在西边墙上的原因是令'祖宗袋'朝着家乡，久而久之，在西边墙上挂着的'祖宗袋'及除夕时向'祖宗袋'叩拜，就成为广州满族的风俗习惯了。"（汪文鹰，1994）

在春节或是喜庆的日子满族有包饽饽庆祝的习俗：

"'饽饽'在北方原是一种面制食品的总称，而在南方的广州满族人，却把饺子唯一地称作饽饽。但是，广州满族人所包的饺子，与北方人所制作的有所不同，其形状是半月形的，制法亦有所区别。将煮熟的猪肉粒加入豆瓣酱，成为饽饽馅，在包饽饽时将切碎的黄牙白、菠菜和韭菜拌匀。广州满族人包饽饽，是二百多年来坚持下来的传统习惯，在每年的春节，或是喜庆日子及亲人远行时都包饽饽，这种习惯从未有间断过。请客时，也包饽饽接待，还有在结婚的时候喜欢包子孙饽饽。子孙饽饽是在一只饽饽内，包着 12 只小饽饽。因为在旧社会，卫生极差，而大家希望子孙旺盛，所以在结婚时喜欢包子孙饽饽。据说包饽饽是一种团结胜利的象征，亦是助远行早日胜利归来之意，并且还有一定的来历。"（汪文鹰，1994）

每年正月二十五是"米缸诞"。

"家家户户都用一种以面粉加入生油、五香粉、盐水搓成面饼式，再在油锅炸成'烙饼'，即用大米饭搓烂加入适量盐水和面粉制成'饭卷'，和一些炖猪肉拜米缸，既祝愿国家粮食丰收，也祝愿家里米缸常满，这种做法，逐渐成为广州满族的风俗习惯。"（汪文鹰，1994）

还有的传说解释了烙饼、饭卷和腊八粥的来源。此外，民间歌谣《打贴歌》是满族儿童游戏时演唱的童谣，《钉三星》则是新婚时，由儿童为新房钉门帘，一边钉一边喊的吉祥话。

广州满族的口承文学呈现出鲜明的世俗化特点，从中很难看出女真先人叱咤疆场、挥师中原的雄图大志；也找不到白山黑水间"棒打狍子瓢舀鱼，野鸡飞进饭锅里"的异域风情，却可以发现诸多与汉族文学类似之处，如童谣《跑白马》是著名汉族民谣《看见她》的异文，其中包含了大量岭南风物与习俗，如"沙子地""石榴树""紫荆花"等。《月光光》以岭南童谣中著名的喻体起兴，同样不是满族口承文学的传统题材。驻防广州的满族官兵在旗营时期的 150 余年中，躲开了战乱颠簸，受天灾人祸的影响也比较小，由于国家权力给予的一系列经济、政治、行政保障，他们的生活相对平稳安逸，而且生活区域比较固定狭小，民众的视野自然集中于反映和表现日常生活，因此，口承文学的侧重点与东北满族和京津满族的口承文学都不同。广州世居满族的口承文学既是满族传统文化与广州本土文化融合的产物，又保留了其自身比较鲜明的族群特点。

二、广州世居满族口承文学的传承方式与功能解析

广州世居满族目前呈现出一种"仍有聚居，逐渐散居"的生活状态，在其传统居住区域——广州市越秀区诗书路、光塔街、纸行路一带，仍有满族老户聚居，但是随着广州市城市建设的拓展，满族人口呈现散居趋势，在广州的东山、越秀、荔湾、海珠、天河、黄埔、芳村、白云八区内都有满族民众分布，其人数不断增多（关溪莹、贾海薇，2008）。在广州的满族民众中已经找不到故事讲述家，他们的口承文学通过家庭来传承。在广州市满族小学五年一班的 9 名满族小学生中，听过满族故事和歌谣的有 4 人，都是听家里人讲述的①。当听说笔者在收集满族故事时，满族族胞们纷纷推荐广州市满族历史文化研究会编撰的几本书籍上的记录，可见这些故事的传承也是以"书面的口头文学"为主。当口承文学由在村落、家族等集体场合传承转变为在个体家庭中传承，其传承方式由口耳相传转变为以"书面的口头文学"为主，我们很难找到中国民间叙事传统的典型

---

① 此数据来源于 2003 年 7 月 1 日笔者对广州市满族小学五年一班小学生进行的问卷调查，此班级共有学生 37 人，其中满族学生 9 人，汉族学生 28 人，该校五年级所有满族学生都集中在这个班级。

的互动情境，以往的研究理论和方法受到限制，在家庭传承中势必出现个性化和多样化的特点，如何寻找其规律是一个尚需进一步深入研究的课题。

另一个问题是处于如此"非典型"情境中的满族口承文学还能传承多久，会不会自然消亡？刘魁立先生在研究传承资料时将民间叙事分成"叙事核心""文本层次"和"超文本层次"。第一个层次是"叙事核心"，指的是那些人物、行为、事件、演述程式等，是那些在传承过程中最稳定的东西，它包括整个情节的基本脉络、人物之间的关系网络，同时还包括一系列传统的表现手法等，这一部分正是传承的核心；第二个层次叫作"文本层次"，将"叙事核心"囊括于它自身，所谓隐在听众和隐在演述人发挥影响而产生的那些成分，都会在这一层次里展现出来，它是讲述过程中的重要内容，而不是所谓传承的本质性的东西；最大的、最外面的第三个层次，我们把它叫作"超文本层次"，真实的演述人和真实的听众都在这里，讲故事的整个过程、整个周围环境、氛围、场景、演述过程的全部空间和时间，都包容在这一层次里。"叙事核心"是传承中最稳定的东西，可以理解为其生命力之所在。那么满族口承文学的叙事核心是什么呢？在不同的时代和区域，满族口承文学的形态有所变化，隐在听众和隐在演述人的关注点和影响呈现流动状态（文本层次）；讲述故事时的表演场景、氛围、演述人与受众的情绪和反映更是不同（超文本层次），但故事所记录和再现的民族历史记忆和民族情感是一脉相传的，也是满族口头作品得以长久流传的本质原因，这是它的"叙事核心"。

在广州世居满族的口头创作题材中，我们依然可以体察到满族发展、壮大的艰难历程和他们的精神世界，广州满族民众用这种方式复苏族群的历史和记忆，构筑"想象的共同体"，即便远离故土，离家日久，他们的后人依然可以在祖辈讲述的故事和歌谣中一遍遍地认证血缘所属，从而强化族群意识，这也是广州满族在开放的异质环境中保存族群认同的有效方式之一。旗营解散后，满族口承文学依然存活在满族民众的民俗生活中，目前收集整理的作品是中华人民共和国成立后的版本，即便在现代生活中，也可以看到它们的踪迹。在每年的广州满族聚会上，满族老大姐身着民族服装演唱《翻身小唱》《太平年》等满族民谣，都获得族胞的热烈欢迎，可见其在增强族群认同方面的重大作用。可以说，只要广州世居满族的族群发展意识存在，他们的口承文学就不会消亡。

参考文献

［1］关溪莹，贾海薇．城市散杂居少数民族的融合与发展：广州世居满族文化重建过程中的人口变迁［J］．社会科学论坛（学术研究卷），2008（8）：82.

［2］汪丽珍．满族民间文学中的信仰观念［J］．满族研究，1990（2）．

［3］汪文鹰．祖宗袋的故事［M］//汪宗猷．广州满族志．广州：广东人民出版社，1994：110－112.

［4］汪文鹰．包饽饽的传说［M］//汪宗猷．广州满族志．广州：广东人民出版社，1994：112－113.

［5］汪文鹰．大天仓的来历［M］//汪宗猷．广州满族志．广州：广东人民出版社，1994：113－114.

［6］汪文鹰．腊八粥的来历［M］//汪宗猷．广州满族志．广州：广东人民出版社，1994：114－115.

［7］赵志忠．十年来我国满学研究发展综述［J］．满族研究，1994（3）．

［8］朱彦华．满族民间故事的区域性特征：承德与东北满族故事比较［J］．满族研究，1992（4）．

养生民谚初探①

　　古往今来，人们在养生保健和疾病预防等方面积累了丰富的生活经验，并将其浓缩成养生民谚，为我们的日常生活提供了有益的指导。笔者在搜集和查阅了众多相关文献资料以及田野调查之后，总结出养生民谚中饮食、情绪、运动和保健四个主题，并选取每一个主题下具有代表性的民间谚语进行文化分析和价值研究，探索其中所蕴含的养生之道，以期为现代人的健康生活提供启示。

　　民间谚语是劳动人民在生产生活实践中的知识和经验的总结，是人民群众智慧的结晶。在这些智慧结晶中，许多谚语生动有趣、通俗易懂，向人们巧妙地揭示了养生的奥秘，为现代人的养生保健提供了有益建议。

　　在查阅了《民间谚语全集》《中华养生语典：民谚中的 99 条养生金言》等相关书籍，知网、万方数据库中的众多文献，以及在广东、福建进行田野调查的基础上，笔者提炼出养生民谚中的饮食、情绪、运动和保健四个主题，并选取每一主题下具有代表性的民间谚语进行内涵解析和意义探究，让人们从谚语中寻找养生的秘诀，从民间智慧中感悟健康的真谛。

一、养生民谚概述

　　长期以来，养生民谚活跃于百姓口中，运用于百姓生活中，这些朗朗上口且富有生活气息的养生民谚，由于易读易记，成为世代相传的健康养生"真谛"。

---

　　① 感谢钟雨芊在本文进行调查过程中给予的大力协助。

（一）关于饮食

饮食是维持人体生命和健康的根本保障，人类通过饮食摄入所需的营养元素，维持机体的正常活动。随着物质生活水平提高，人们已从吃得饱进而追求吃得精、吃得好、吃得科学。在养生民谚中，有关饮食方面的民谚占了相当大一部分。这些看似简单的话语蕴含着朴素真挚的道理，对当代人依然有重要的参考价值。

1. 均衡摄入，合理搭配

人们常说"药补不如食补"，如果我们能够依据食物的营养特性，因人、因时、因地选择和摄取食物，就可以保证人体的健康与营养的均衡，从而达到养生保健的目的。

福建武夷山有句俗语："饭菜经常换，营养才全面。"言简意赅，通俗易懂。不仅是指我们的日常饮食要荤菜、素菜搭配着吃，也是在提醒我们饮食要注重食物的多样性，机体才能获得全面的营养。无独有偶，来自广东潮汕的民谚"选食不胖，偏食不肥"阐明了偏食会导致摄入营养不全面，身体孱弱不健，从侧面反映出"饮食要多样，营养要全面"的重要性。

另外，过去由于生产力水平低下，难以形成规模化养殖，造成肉食匮乏，呈现一种"素多荤少"的局面。随着生活水平的提高，大鱼大肉、精米精面已经是平常之物。然而，东西吃得太多、太细，并不是一件好事。经常吃高蛋白、高脂肪的肉类食品和精白米、精白面、精白糖等精细食物都会给身体带来负担，易引发"三高"、冠心病、糖尿病等，这些所谓的"富贵病"也正是伴随着"富贵"而来。我们的祖先早就注意到这个问题，通过民谚警示后人：粗细搭配，预防慢性疾病。"吃得粗粮，长得体壮"，粗粮虽然"粗"，但营养一点也不比细粮差，其富含的膳食纤维、维生素、氨基酸等是细粮的数倍，不仅让我们体壮，更带给我们健康。

2. 适量饮食，饥饱有度

早在两三千年前，《黄帝内经》就载有"饮食有节"。医药学家孙思邈也曾说过："先饥而食，先渴而饮，食欲数而少，不欲顿而多。"（刘云峣、张云鹏，1992）现代医学研究表明，食不宜过饱，宜少食多餐，这有着一定的科学依据。

"饮食自倍，肠胃乃伤"。暴饮暴食不仅容易导致热量堆积，使人发胖，还会使消化系统长期处于高负荷状态，诱发高血脂、高血压、糖尿病等多种疾病。少吃多餐在一定程度上能够避免暴饮暴食，既有利于维护身体机能健康，也有利于保持良好的体型。

正如"饮食贵有节，运动贵有恒"，少量、适度的饮食可达到保护健康和预防疾病的效果。但过犹不及，若过度挨饿，身体获取不到足够的能量，就会消耗自身，使身体逐渐衰弱，危及健康；同样，若过量饮食，也会加重肠胃负担，影响食物消化和营养吸收，同样不利于身体健康。正如民谚所云："少吃多餐，益寿延年。"

3. 四季有别，饮食不同

在生态环境中，自然界的气候、温度等变化时时刻刻对人体产生着影响。以春季和夏季为例。春季阳长阴消，因此应遵循春季阳气向外生发的特性，将人体的阳气疏放。谚语"春食韭菜，祛病消灾"便是这个原理。

关于夏季的阴阳调和，不同地区的民众看法不一。如漳浦民谚"大暑日吃补，身壮巧如虎"，体现了当地人民"春夏养阳，秋冬补阴"的养生观。他们认为，在春季和夏季，阳气很容易损害阴气，因此建议食冷食和凉食以抑制阳气。在秋季和冬季，阴气则容易损害阳气，宜通过食温热食品来抑制阴气。通过阴阳互补的原理，可以实现阴阳平衡（叶素敏、樊巧玲，2019）。而宁德人民则认为："夏食绿豆汤，清热解毒赛神方"，他们遵从"用热远热""用凉远凉"的饮食原则，认为季节寒冷时应避免食用冷食，而气候炎热时应避免食用热食（张文旗、何裕民，2009）。不管是哪种说法，都体现了不同季节、不同饮食对身体均衡协调的作用。

（二）关于情绪

随着现代社会的快速发展，人们的物质生活水平不断提升，但是快节奏的生活和日益增强的竞争压力也时时困扰着现代人的身心。由于不规律或不健康的饮食方式、生活方式，各种生理和精神疾病已经开始侵扰人们的健康。尽管这些病在当前的医疗条件下并不算什么大病，但不管是大病还是小病，难免都会给自身增添负担，带来困扰。因此，"治未病"才是保持健康的关键。谚语有云："心病还从心上医"，唯有打开"心结"，才能将"心郁"排出。

1. 积极乐观

中医在理疗的过程中强调重视人的心情，正所谓"怒伤肝、喜伤心、忧伤肺、思伤脾、恐伤肾"，不良的情绪对健康十分不利（潘春华，2019）。民谚"愁最伤人，忧易致疾""怒气伤肝""积郁成疾，积劳成病"也是这个道理。如果长时间情绪低落，很容易内心抑郁，胃口不好，茶饭不思，损害健康。相反，如果以乐观的心态融入生活，无论坦途还是困境都积极面对，想办法解决问题而不是自怨自艾，情绪好了，食欲睡眠都正常，健康才能常驻。正如民谚所说："笑一笑，十年少。愁一愁，白了头""一日三笑，不用吃药""有说有笑，阎王不要"。

2. 坦荡豁达

"知足者常乐，常乐者长寿""宽心是快乐之源，真才是光荣之本""心里痛快百病消""有愁皆苦海，无病即神仙""心则不竞，何惮于病"……这些养生民谚都说明了同一个道理：坦荡豁达的精神状态对长寿有着至关重要的作用。

生存能力不强、人际关系紧张、物质条件匮乏……各种生活中的不如意都容易导致我们内心的压抑。适度的内心压抑，不会过多地影响我们的情绪，因为坏情绪会随着时间流逝而自然释放，甚至还能转化为我们前进的动力。但是，如果内心压抑过重，无法得到有效释放的话，会给身心造成极大的损害，甚至导致严重的生理和心理疾病。身体长期劳累，会演变成疾病；心中长期抑郁，也会累积成病。因此，当身体承受不了劳累的时候，要及时休息、养精蓄锐；当心中不舒畅的时候，要及时宣泄、适当放松。国外一项研究表明，持乐观态度的中年人的胆固醇水平良好，对心脏有保护作用。乐观的人朝着目标不断前进，生活充满希望，有了坦荡豁达的心态，让自己的生理和心理都保持充足的活力和健康的状态，寿命自然就延长了。

（三）关于运动

运动是促进气血流通，提高御疾能力，增强身体活力的重要方式。《吕氏春秋》有言："流水不腐，户枢不蠹，动也。形气亦然，形不动则精不流，精不流则气郁。"这里的"形"指身体，身体不动则精神、体能都焕发不出生机。因为交通和通信的发达，工作节奏加快，现代人的办公方式越来越倾向于网上办公、无纸办公，整天坐在办公室里；出门乘坐交通工具；爬楼梯被乘电梯取代，运动量越来越小，普遍出现"亚健康"的状况，三高、心血管疾病、慢性病的发病率不断提升。各种信号都在警示我们：少坐坐、多动动，提高身体素质刻不容缓。

运动养生的思想早在数千年前就已经出现了，古人创造了很多养生的运动方式，比如五禽戏、八段锦、太极拳等，民间也流传着许多通过锻炼来养生的谚语。

1. 将运动融入日常

中医有"五劳伤身"说："久视伤血、久卧伤气、久坐伤肉、久立伤骨、久行伤筋"，其中前四个劳伤都与缺乏运动有关。因为缺乏运动，气血不畅，身体各方面的机能将逐渐衰退，长此以往，疾病自然会找上门来。（李建新，2016）。如果有意识地培养运动习惯，将之做为生活的必需品，气血通畅、精神饱满，一定益寿延年。"动一动，血脉通""运动运动，疾病难碰""铁不炼不成钢，人不动不健康""运动劲出来，歇着病出来"等很多谚语都表明了运动与健康的关系，形象地揭示了"动则不衰，用则不退"的道理，提醒人们：生命在于运动，积极锻炼，强健体魄。

2. 持之以恒地运动

"运动贵有恒""若要健，天天练""水停百日生虫，人闲百日生病"。要取得成功，必须要有毅力，运动亦是如此。运动养生是一个长期且持续的活动，而非一日之功。只通过一两次的锻炼一蹴而就达成既定的目标，是根本不可能的。因为人体各个器官和系统的功能，要经过一段时间的锻炼才能得到改善，操之过急或是半途而废，都难以达到应有的效果。坚持运动最重要的是养成习惯，良好且持久的运动习惯，就如同一所健康银行，不断地在给自己的健康投资，让你拥有充沛的活力和健康的身体。

3. 坚持饭后散步

还有民谚说"饭后百步走，能活九十九"，散步不仅是一种简单的步行运动，更是一项有益健康的运动方式。它可以有效缓解肌肉和神经的紧张，有助于释放压力。此外，在行走过程中，人体会稍微发热，这可以加速自身的血液循环，增加大脑的氧气供应，并增强消化腺的功能，有助于食物的消化和吸收，这也是我们日常生活中常说的"消食"。饭后到室外走一走，又或是在室内多转转，三四十分钟为宜，对于促进肠胃消化和身体健康具有重要作用。

（四）关于保健

中国传统养生理论认为，人的身体健康不仅与个人先天的体质有关，而且与个人所处的生活环境以及气候变化也有着重要联系。古代圣贤将天地变化、阴阳五行与人体的五脏六腑、四肢外观联系在一起，分别对应着道家的"阴阳"观。《黄帝内经》有言："人以天地之气生，四时之法成。"人若要身体健康，就要遵循阴阳平衡，顺应四季变化。民间许多养生谚语中都包含着重要的保健方法。

1. 因人而异，酌情用药

由于年龄、性别、身体素质等各方面的差异，养生保健方式因人而异。

对新生儿和幼儿而言，由于其生命力旺盛，只要护养适宜，哺乳得当，就能正常生长发育。健康的幼儿不需要依靠过多的外物来补益，如果过分依赖补品或药品，则会揠苗助长，违反自然生长的法则，容易性早熟。诏安有民谚"童不补茸，少不服参"，建议不对儿童滥用补益之剂，而是应该合理应用各种补益之法。广东民谚"若要小儿安，常带三分饥和寒"告诫年轻的父母，想要幼儿平安不生病，就让他吃饭吃七成饱，穿衣穿得少一点，以免幼儿消化功能受损，或是捂出病来。

对孕产妇而言，"经期不下冷水，身孕不挑重担"表明了怀孕期间的禁忌事项；"顺月莫当风寒病，马马虎虎，会落难"说明了坐月子时应注意身体保养；"少生母子健，多生娘早衰"则警示了超生、多生对母体的损伤。对老年人而言，由于其年老病衰，养生保健更要小心翼翼，比如"有钱难买老来瘦"说明老年人以体瘦为安；"老人惊风，老牛惊冬"说明老年人要注意保暖，勿吹风受凉（罗宝珍、林端宜，2008）。

不仅养生保健要因人而异，用药更要区别对待。即使是对同一个年龄层群体，不同的疾病抑或是相同的疾病，也应该遵照个人体质和症状缓急来治疗。例如，广东民谚"虚不受补"讲的是虚症的患者在服用补益药之后，非但不能好转，还会出现不适。由此也可看出，并非每个虚症患者都适合进补。归根到底——唯有因人而异、因病而论，才能真正做到对症下药、药到病除。

2. 春捂秋冻，适时更衣

何时穿衣、何时减衣，也是一门学问。人们常说："春捂捂，秋冻冻"，意思是在春季天气变暖的过程中不要过早换下厚衣服；同样在秋季天气变冷的过程中，也不要过早穿上厚衣服。春季天气变暖，是北方冷空气和南方暖湿气流交换的结果。这种气流互换并不是完全依照固定规律进行的，有时候会出现早晚温差过大、冷暖天气交叉的现象，民谚称之为"倒春寒"。若是过早脱去厚衣服，温度突然下降，极有可能因为着凉而引发感冒，对于身体虚弱者和久病患者还会加重疾病，因此要"春捂捂"。同样道理，秋季虽然温度较夏季有所下降，但仍处于夏冬两季的过渡阶段，温度尚不稳定，早晚温差大，甚至气温短期回热出现高温天气，也就是民谚所说的"秋老虎"。此时，若过早、过多地穿上厚衣服，可能会由于上火而引发疾病。因此，在初秋，增添衣物应该循序渐进，不可一次增添过多，这便是所谓的"秋冻冻"。这种"春捂秋冻"的做法，正符合了中医传统的养生之道。中医认为，"春天主升发；夏天主生长；秋天主收获；冬天主封藏"。"春捂捂"有助于阳气的生长；"秋冻冻"有助于阴气的收藏，因此这个谚语顺应了四季气候的变化特征。谚语"春夏养阳，秋冬养阴"正是同样道理（欧阳军，2016）。

保暖也是中医养生的重点。福建有民谚："白露不露身，寒露不露脚，风寒不得。"正所谓"寒从脚生"，脚踝脂肪少，保暖性差，而脚踝部分的血液循环是人体的重要组成部分，若不注重脚踝的保暖，长时间裸露在外，很容易遭受风寒，阻碍血液循环的正常运行，进而引起感冒等症状，长此以往，容易引发关节病。广东民谚说"若要小儿安，三分饥与寒"。让小儿"三分寒"，并不是让小儿受凉，而是根据气温变化随时给小儿增减衣服，让小儿处于七分暖而三分寒的环境中，锻炼小儿的御寒、抗病能力。因为小儿的肺很娇嫩，容易发生呼吸道感染，引起咳嗽、哮喘、发热等肺部炎症，故小儿不能受凉感冒。但穿得过暖过多，小儿活动时就会大汗淋漓、汗毛孔张开，湿透的内衣、开放的汗毛孔，使小儿非常容易受凉感冒。再者，让小儿穿得过多过厚，会使胸部活动受限，肺的呼吸量减少，影响胸部正常发育。这就是所谓的"过犹不及"。

3. 讲究卫生，注意细节

要想健康长寿，还要注意清洁卫生。"干干净净，一辈子没病""脏生虱，懒生疮"这些养生民谚说明了卫生习惯和健康的关系。"干净床铺睡得稳""要想不生病，盆、瓢、锅、碗都干净""指甲常剪，疾病不染"告诫我们如何保持个人卫生，比如常洗澡常换衣、常剪指甲常晒被褥、常清洁餐饮用具，才能减少细菌滋生，以预防疾病发生。

除了上述养生大道理外，还有一些生活小细节，比如："睡前泡泡脚，赛过吃补药"，告诉了我们睡前泡脚的重要性；"床板选硬，切忌过软"启示我们要想睡得安稳，床板要选硬板，睡过软的床容易引起腰酸背痛、头晕、身沉等不适；"早起三光，晚起三慌"提倡早起早睡，早起精力充沛，有时间健身、吃早饭、养护身体，晚起则精神萎靡，做事慌忙；"常洗衣，常洗澡，常晒被褥疾病少"告诫我们要注意个人卫生，常洗澡常换衣，常烘晒被褥，能减少细菌滋生，预防疾病；"子时大睡，午时小憩"则说明了夜晚子时阴气最盛，需早早入睡，以养阳气，午时阳气最盛，适当小憩可以养阴，这也符合阴阳平衡的道理。

二、养生民谚的文化内涵

（一）反映广大民众的生产生活

民间谚语是千百年来人民群众在生活中广泛流传的言简意赅的话语，是民众的集体智慧和丰富经验的规律性总结。其内容反映了劳动人民的生产实践经验，包括生产生活的方方面面。养生民谚在人们日常生活中具有多样性和多功能性，不仅总结了相当丰富的经验，在生产生活中告诉人们行之有效的方法，还在社会交往、人情世故中给人们以启示。有讲饮食的，如"冬吃萝卜夏吃姜"；有讲运动的，如"若要健，天天练"；有讲心情的，如"笑一笑，十年少；愁一愁，白了头"；还有讲医疗的，如"尿黄心热，尿多消渴"等。此外，民间谚语也是人们表达情感的一种方式，它不仅展示了人们对于社会生活的态度，也指导人们如何处理生活中遇到的一些常见问题。这些知识虽然并没有被记载入书中，却被人们运用于生活中，口耳相传，沿用至今。

（二）蕴含中国传统文化思想

民间谚语，作为一种特殊的文学表达形式，在长期的历史演化进程中，融汇了各个民族、各个历史时期的文化，其内容无所不包，被称作"历史的档案"。许多民族的地方特色、思想观念、历史文化都沉淀在其中，通过人民群众的口耳相传，延续至今。比起传统的四书五经传授学识的方式，民间谚语更倾向于用生动易懂的方式进行传播，不仅降低了对学习者文化素养的要求，也用另一种方式传播了传统文化。正是基于民间谚语这种"接地气"的文化适应性，中国的传统文化才得以通过这一载体被人们广泛传承下来。

儒家文化是我国传统文化的重要组成部分，在现代社会仍然有着不可逾越的地位。孔子曰"君子义以为质，礼以行之"，以"义"和"利"作为重要的道德标准来区分"君子"和"小人"。同时，儒家提倡仁、义、礼、智、信等伦理道德，强调内在的道德修养，并将修身养性作为实现人格自我完善的重要手段和方式，"千养生，万养生，心理平衡是真经""任凭世事沧桑变，我心平静身体健"这些都体现了儒家的修身养性观。

儒家伦理道德除了在养生民谚中有所体现外，在中国传统家庭关系、社会人际交往规则等方面均有所体现。正所谓"家是最小国，国是千万家"，家庭的和睦不仅关系着每个家庭成员的幸福，也维系着大国的盛世安康。在民间谚语中，有不少反映家庭关系的谚语，比如"有其父必有子""兄弟合心金不换，妯娌和气见不散""长兄如父，长嫂如母""夫妻无隔宿之仇"等，这些都从各个方面体现了传统的儒家伦理道德和宗法等级观念，同时也启示我们在家庭中要成员和睦、相互体谅、共同团结，才能"家和万事兴"。而在人际交往中，我们也要遵循儒家伦理道德，与人交友不仅要做到"择君子而交"，也要"掏出心来，才能心心相印"，同时也要规范自身"身子正影子正"，如此才能寻得真心知己。

（三）呈现民间文学独特的叙事方式

养生谚语深受广大民众喜爱，不仅因为其蕴藏着丰富的科学信息，使用频率高，而且因为其具有口语表述、准确精练、形象生动、韵律感强等特点，呈现出民间文学独特的艺术魅力。

1. 口语表述

在人类漫长的发展史中，民间谚语通过劳动人民口耳相传的方式，以最朴实的方式记录下人们在生活实践中总结的经验。像"口渴呷盐卤""眼睛里揉不得沙子""一步登不上泰山，一口吃不成胖子"等，运用人们生活中常见的事物平铺直叙，毫无修饰痕迹，以简单的语言阐述出深刻的道理，充满了日常的生活气息。

2. 准确精练

民间谚语在语言表达上追求简单凝练，以精练的词句来准确表达内容。如"安危相易，祸福相生"道出矛盾双方可以相互转化的哲理；"得人一牛，还人一马"宣扬受人恩惠要懂得感恩的传统美德；"吃饭防噎，走路防跌"以精练的形式告诫我们生活中的禁忌。养生谚语以短小精悍的语句传达出深刻的道理，让人们在生活中的交流更富有趣味性和哲理性。

3. 形象生动

谚语根植于人们的生活之中，广大劳动人民善于运用多种修辞手法来创造民间谚语，这不仅加强了谚语的表达效果，而且更生动形象地展示出了其中暗含的经验见解。在谚语运用的修辞手法中最为常见的是比喻，如"隔夜茶，毒如蛇"以隐喻的方式生动地写出喝隔夜茶对身体的损害；"热不烫唇，冷不冰齿"以对比的方式告诫后人冷热有度的道理；"祸从口出，病从口入"运用对仗的手法强调卫生的重要性。这些谚语以形象思维的方式来传达带有哲理的理性知识，两者的融合让民间谚语更具精彩的艺术魅力。

4. 韵律感强

在结构形式上，养生谚语具有句式整齐、音调和谐、朗朗上口的特点，这给通俗易懂的内容增添了节奏，颇有韵律感。

民间谚语最常见的句式为整齐的双句结构，很注重押韵，有的谚语以字尾押韵，有以相同字尾押韵如"不怕不懂理，就怕不讲理"等；也有以不同字尾押韵如"穿金戴银，不如无病清贫"等。有的谚语则是交叉押头尾韵，如"靠人磨镰刀背儿光，靠人舀饭尽喝汤"等。除了押韵，谚语也构成排比、对仗、回环、反复、类比等丰富的形式，例如："早饭要吃好，午饭要吃饱，晚饭要吃少"（排比）、"寒从脚下起，火自头上生"（对仗）、"来者不善，善者不来"（回环）、"天知地知，你知我知"（反复）等。这些谚语的句式丰富，易于记诵和传播，给养生民谚增添了节奏美和韵律感。

（四）既有科学因子也有迷信成分

大部分养生民谚来自民间，是人民群众日常生活经验所得，因此并非所有都是科学准确的。一些违背科学原理、失去实际意义的谚语应该被时代淘汰。例如"眼不见为净"，这是对食物不干净的自我安慰，只要当作没看见不干净的部分，就可以认为它是干净的，这实际上是一种主观唯心主义，忽视了客观实际。再比如"偏方治百病"，偏方是指一些民间医生的自制秘方或是民间流传的土方，由于缺乏书目考证和原理记载，这些偏方的疗效存在极大的不确定性和风险，或许对治疗某种病状效果良好，但仍然不能随便用来治病，因为不清楚用药原理，也不清楚是否存在副作用，更无法根据不同患者的不同症状来对症下药，难以保证治疗效果，甚至可能导致生命危险（李铁范、金陕君，2010）。又如"生吃螃蟹活吃虾""不干不净，吃了没病""饭后一袋烟，赛似活神仙"等，这些谚语缺乏具体的医学原理和科学依据作支撑，运用时应认真考量。

除了部分缺乏科学依据的养生民谚应该被剔除外，一些落伍于时代的养生民谚也应该及时改进，贴近现实。比如一些文字生僻，或者不适用于现代环境的谚语，譬如"疯痨臌膈，阎王爷请的上客""老怕伤寒少怕痨"等不适合传播或跟不上时代的谚语就已基本不再被人们提及。

三、养生民谚的现代价值

内涵丰富、情感朴实、朗朗上口的养生民谚汇集了人民群众养生保健的经验方法，凝聚了我国劳动人民的智慧，多层次、多方面地反映了我国的传统养生文化，既是人们在长期生活实践中的经验总结，也是我国民众养生之道的宝贵财富。养生保健民谚的传播、推广和运用，对于人们养生保健、延年益寿具有一定的启示和指导作用。在当今社会，我们应该取其精华，去其糟粕，让养生民谚更好地古为今用，为科学健康的生活提供有益指导。

（一）取其精华，去其糟粕

任何文化都是在特定的背景下产生的，民间谚语也如此，其产生与演变，都带着深深的时代烙印。不同的历史时代，人们的文化背景和思维方式不同，谚语在实际传播的过程中体现出不同的时代特征。比如"君为臣纲，父为子纲，夫为妻纲""饿死不离乡，病死不离床"等带有明显的封建社会的烙印，体现了过去男尊女卑、封闭守旧的落后思想；而"无农不稳，无工不富；无商不活，无兵不强""妇女能顶半边天""要想富，少生孩子多种树"等则反映了新时代背景下崭新的社会风貌；当代的网络谚语充分反映了现代人独特的思维方式和生活习惯，具有新时代下的新内涵，比如"人要闯，马要放""花钱容易，挣钱难"等。

养生谚语将儒家传统哲学思想与中医基本理论结合，体现出"儒以修身""仁者爱人""仁者寿"等养生思想，这些蕴藏在养生民谚中的生命关怀和修身养性的理念，对于现代人保持身心健康有着较大的参考借鉴意义。同时，养生民谚中也不可避免地残留着过去时代的不良因子，需要我们先鉴别再继承，取其精华，去其糟粕，用好民间谚语，才能使其更好地为自身、为社会服务，才能将优秀的中华传统文化发扬光大。

（二）古为今用，与时俱进

民间谚语在几千年的时代长河中流传，不断地汇入大量的新事物，而这些新事物也让我们的谚语体系得以不断丰富、充实、更新。随着科技的进步和社会的发展，人们的生活水平大大提高，中国以农耕为主的社会结构发生了翻天覆地的变化。有些养生民谚产生于过去特定的时代背景，其作用力和影响力也受当时生产力的限制，若放置于现今社会，明显与时代脱节了。因此，养生民谚也需要跟紧时代的步伐，"更新换代"。

近年来，"国学热"日益兴盛，崇尚国学、提倡中华传统文化，成了当下的热门话题，尤其是新冠肺炎疫情暴发以来，中医药在防治疫情上发挥了很大的作用，使全世界对中医学、对东方文化刮目相看。但中医学是中华上下五千年的文化结晶，要想完全了解、认识它是有一定难度的，需要长时间的积累和沉淀，因此民间谚语就派上了用场。民间谚语将博大精深的中医养生理论和通俗易懂的文学形式相结合，在给我们提供简单实用的养生保健技巧的同时，又充分地展示了中国传统中医学的文化魅力。小小的民间谚语不仅让我们获得了养生保健知识，还感受到了中华文化蕴藏着的艺术美与文化美，具有强大的感染力和传播力，即使是在现代社会，仍然能够发挥巨大的认识和导向作用。

四、结　语

我们的祖先将在生产生活中获得的知识、经验和教训凝结在民间谚语中，其内容包罗万象，含义深刻久远。有健康饮食的方法、合理运动的建议、保持身心愉悦的技巧，也有治病理疗的经验，通俗易懂，言简意赅。我们可以从中汲取养生的智慧，运用生活中普通的食材来养护身体，同时养成良好的生活作息习惯，遵循四季的变化规律科学地运动和锻炼，做到大病养、小病抗、无病也要防，健康便能常伴左右。

民间谚语是中国传统文化的重要组成部分，是劳动人民智慧的结晶和思想文化的重要载体。它不仅是一种贴近群众生活、通俗易懂的文学形式，也是弘扬中华优秀传统文化的重要媒介，不仅对人们生产生活、工作学习等各个方面起到良好的指导作用，而且在传承中华优秀传统文化、发扬中华民族的传统美德、增强国人的文化自觉和文化自信等方面都发挥着积极的作用。挖掘、整理和研究中国民间谚语，使其成为现代生活养生保健内容的补充，更好地为人民群众的健康服务，才真正践行了我们对传统文化的创新性发展、创造性转化。

参考文献

［1］高燕．中医保健与运动在学校体育教学中的有机运用研究［J］．中国校外教育（上旬刊），2014（1）：156．

［2］李建新．中老年养生有三字［J］．人人健康，2016（11）：41．

［3］李铁范，金陕君．汉语养生谚语论析［J］．宁夏社会科学，2010（4）：153－157．

［4］刘云岷，张云鹏．中国历代中医格言大观［M］．上海：文汇出版

社，1992：34.

［5］龙吻．中华养生语典：民谚中的 99 条养生金言［M］．北京：朝华出版社，2010.

［6］罗宝珍，林端宜．台湾医药养生谚语的内容及价值［J］．福建中医学院学报，2008（2）：46－48.

［7］欧阳军．食物保健民谚解析［J］．烹调知识，2016（12）：48－50.

［8］潘春华．说谚语话养生［J］．家庭医学，2019（5）：49.

［9］王倩．论维吾尔谚语中的养生谚［J］．汉字文化，2019（5）：125－128.

［10］叶素敏，樊巧玲．从福建民谚看中医饮食养生［J］．中国中医基础医学杂志，2019，25（5）：624－625，629.

［11］张文旗，何裕民．中医饮食养生的学术特点［J］．上海中医药杂志，2009（4）：53－55.

［12］朱雨尊．民间谚语全集［M］．上海：上海三联书店，2014.

第四编
文化遗产与民俗教育

农业文化遗产现代化转型视角下的
广州春运难题解决方案

本文拟从农业文化遗产现代化转型的角度探析中国一年一度春运难题的原因和解决方案，笔者认为以春节为代表的中国传统节日是农业社会广大民众生产生活的作息时间表，造成春运难题的文化根源是传统节日难以适应现代社会的发展。解决春运难题需要国家权力、企事业单位、社会媒体、广大民众协调互动，深入把握传统节日的文化内涵和发展规律，以更顺应时代潮流的生活方式替代传统习俗，逐步获得移风易俗的功效。

一、问题提出：春运难题现状

春节是中国人心中最温暖的传统节日。春运以春节为中心，从农历腊月十五到次年正月二十五共持续 40 天左右。无论离家多远、耗时多长，离乡的游子总要归家团圆。人群集中在春节期间返乡，形成了堪称"全球罕见的人口流动"。"民工流、学生流、探亲流、旅游流"四流合一形成的客流高峰对我国铁路、公路、航空等运输系统造成巨大压力。2003 年全国春运共运输旅客突破 18 亿人次。新华社报道，大数据显示，在 2019 年春运中，铁路发送旅客 4.1 亿人次，道路发送旅客 24.6 亿人次，水路发送旅客 0.41 亿人次，民航发送旅客 0.73 亿人次，总人数超过 30 亿人次。

南来北往的春运是涉及运输、旅游、治安、餐饮、住宿等相关行业的重大社会事件，如果处理不好，必将对广大人民群众的生产生活造成极大影响。例如 2008 年春运期间，由于受低温雨雪天气的影响，我国南方地区电网故障频发引起大范围停电，以致广东与外省的铁路交通受阻；粤北地区高速公路、国道大面积结冰，又导致公路交通和运输受阻。大量外地农民工滞留广东，无法返乡过春节，影响了人民群众的正常生活秩序。

关于春运难题的原因，社会各界展开充分讨论，如铁路交通建设滞后于城乡发展；相关部门灾害危机应急处理机制不健全；区域经济发展不平衡，产业过于集中在东部沿海地区等。广东省省情调查研究中心课题组在《2008 年春运危机成因与对策的思考》一文中提出，户籍与福利制度落差是导致春运危机的重要原因。农民工在城市中除了得到微薄工资，对城市的设施、保障、福利、子女教育没有享用的权利，因为乡愁引发的春运危机还会存在。很多人论及"春节回家过年团圆，这是在传统农业社会形成的一种文化习俗"，但是几乎没有人沿着这条逻辑线索深入辨析。风俗习惯能不能被人为改变？是否可以将分散民众春节返乡团圆的心理预期作为缓解春运危机的有效方法？我们应该从何处入手促进春节这一传统时代的农业文化遗产进行现代化转型？这些问题都要从民间文化中寻找答案。

二、民俗溯源：春节的变异与文化内涵

"年，谷熟也。从人负禾，表示人背着庄稼，取有收成意。"（苏宝荣，2000）古汉语中的"年"是表征农业生产的词。考古资料显示，在距今7000—5000 年前的仰韶文化时期，黄河中下游地区已经出现发达的农业生产。人们用一种叫作"岁"的工具收割了庄稼后，又用它宰杀牲畜祭祀，"岁"成为该祭祀仪式的名称。这些丰收庆祝活动将自然时间分成不同的段落。后来，"岁"与"年"成为中国古代时间段落的标志，如《尔雅》中所记载的"夏曰岁，商曰祀，周曰年，唐虞曰载"（郭璞，1936）。自汉武帝太初元年（公元前 104 年）始，以夏历（农历）正月初一为"岁首"，民间俗称"过年"，年的日期由此固定并延续了两千余载。1911 年辛亥革命后，"中华民国"开始用公历（阳历）纪年，称农历正月初一为"春节"。随着时代发展，春节习俗由最初的祭祀先人和庆祝丰收逐渐发展为贴春联、放鞭炮、祭祖、守岁、拜年等丰富多彩的形式，之后又出现了手机短信拜年和电子贺卡拜年等高科技年俗。可见春节的形成与传承经历了一个由简单到复杂的变异过程，其习俗惯制随着社会发展不断产生适应性变革。

今天，春节是全世界华人共同的节日。陈连山先生指出，春节是周而

复始的新希望的象征，合家团圆一起攘灾祈福、辞旧迎新，同时，春节祭神、祭祖、拜年是对文化传统中的人神关系和现实生活中的人伦关系的重新确认（陈连山，2003）。如果我们深入剖析当下春节的文化内涵，可以发现其信仰内核、伦理内核和情感内核。信仰内核指民众对时间流程中新旧交替的重要时刻有一种担忧，他们贴春联、放爆竹、燃旺火、吃饺子、全家聚集在一起守岁，都是为了保证平安度过"交子"时刻，迎新纳福。伦理内核表现在春节祭祖、拜年等活动中，祭祖是对人与祖先关系的周期性确认，拜年是对现实生活中人伦关系的强化，这些是传统社会中民众巩固血缘和宗族关系的重要手段。情感内核体现在春节是一个阖家团圆、融洽亲情的节日，承担着重要的凝聚功能。春节中每一项习俗都具有深厚的传统背景和价值内涵，也都对应和承担着一定的社会功能，这是经过几千年文化积累形成的一种"集体无意识"，也是促成游子归家过春节意愿的主要文化原因。

三、传统节日：农业社会作息制度

春节是中国传统节日系统中重要的一环。中国传统节日系统经历了漫长的形成过程。战国时在黄河流域开始出现二十四节气的雏形，成书于西汉时期的《淮南子》记载："日行一度，十五日为一节，以生二十四时之变。"（刘安，2016）书中记载的二十四节气除了个别名称略有差异，其顺序与今天的二十四节气基本相同。这是古代天文学家和劳动人民在生产生活实践中总结出来的气候规律，比较准确地反映了黄河中下游地区一年四季气温、物候、降雨等方面的变化，是我国古代农业社会安排生产生活的主要依据。节气使一批"常日"被突出，成为传统节日的雏形。这些节日，既是分割时间段落的"节点"，也是安排人们生产劳动的"日程表"，还是劳动人民的"休息日"，传承着大量特殊而丰富的饮食、祭祀、娱乐习俗。汉魏以后，以清明节、端午节、中秋节、春节为主干的中国传统节日顺应生态环境变化，井然有序地分布在一年四季，与春种、夏锄、秋收、冬藏的生产性节律相适应，张弛有度地指导着民众的生产生活，形成了和谐自然的生活节奏。在没有精确计时方法和工具的年代，传统节日体现了广大民众的时间观念，构成了中国农业社会人民生产生活的作息时间表。

四、现代社会：对传统节俗进行适应性调整

以春节为首的中国传统节日是农业文明的伴生物。由于我国大部分地区农业生产方式的延续以及民间文化的传承惯性，传统节日仍然是我们现代生活的重要组成部分，不仅承载着中国传统文明，而且凝聚着海内外华人的精神根脉。但是随着我国由农业社会进入多种生产方式并存的时代，传统节日对现代生活的负面影响逐渐显现出来。首先，在我国农村地区，劳务输出、多种经济成分并存取代了传统社会里农业生产占据主导地位的生产方式，广大农民的生活节律越来越难以"周而复始"，而是要顺应更广泛的社会需求和更多样的社会生产模式，应对更多突发性事件，农业社会模塑出来的传统节日系统难以规范现代农民生活。其次，随着国家城市化进程推进，农业生产不再是我国城市人口的主要生产方式。大机器生产不具备农业生产方式靠天吃饭的周期性特点，为保证机器运转和系统畅通，适宜采用轮休式作息方式，沿袭春节这种万民辞工归乡的过节方式势必造成巨大的浪费。最后，由于人口数量增长和各地区经济发展不平衡，我国流动人口的分布也很不平衡。珠三角地区、长三角地区、沿海地区大中型城市聚集了大量外来务工人员，年节尤其是春节期间，大量流动人口的集中性迁移造成相关部门巨大压力和物资消耗，在一定程度上增加了社会不稳定性。

春节还是传统的春节，但当下社会已经不同以往。以农民工为主体的一年一度返乡返城人口迁移成为整个社会的春运难题，究其根源是传统节日难以适应现代社会的发展，出现了不和谐音符。钟敬文先生曾指出："许多社会礼制和观念都起着新的变化。我们的风俗、习尚（包括节俗）也不能安于旧态。"（钟敬文，1996）我们解决春运难题要注重从传统节日的移风易俗方向努力。

五、移风易俗——春运难题解决方案之一

春运难题，需要社会各方面力量共同协商解决。我国政府采纳了民间文化专家经过长期研究而提出的建议，从 2008 年起，将清明节、端午节、

中秋节三个传统节日纳入国家法定假日，使短距离流动人口可以回乡团聚，共度佳节，为缓解春运压力提供了政策性指导。同时，政府还应该利用报刊、影视、网络等传媒发布相应社会舆论，营造清明节、端午节、中秋节的节日氛围，分散民众春节返乡的心理预期。

地方政府和企事业单位要根据节日假期安排好工期，可以通过设置差额加班费鼓励大家春节时继续工作或留在工作地过节。例如企业可以实行"带薪探亲"的政策，对于过年没有回家的员工，在春节后安排他们带薪回家探亲。春节后的探亲时间最好安排在清明节、端午节、中秋节等传统节日假期，充分利用风俗习惯的力量，满足外来务工人员返乡过节的愿望。

更重要的是广大民众应自觉调整传统节俗观念。春节习俗的形成与发展是一个历史辩证过程，随社会发展不断变异。改变风俗习惯无法通过一纸政令完成，民俗的存在和发展具有自身的特点和规律。我们要在深入挖掘春节内涵的前提下，有针对性地寻找新的生活方式以替代传统习俗的功能，逐渐获得移风易俗的功效。针对春节的信仰内核，我们可以保留贴春联、放爆竹、燃旺火、吃饺子等传统习俗，同时号召和组织外来务工人员与工友或者朋友共同守岁祈福，替代传统守岁方式以满足人们内心深处的精神诉求。城市中的外来务工人员可以通过电话、视频通话等现代化通信方式向家乡的亲属、师长、领导拜年，同样可以实现春节的伦理意义。清明节和中秋节这两个重要民间节日均有一定的凝聚功能。清明节是传统社会中人们开始一年劳作的"开幕式"，也是一个全家团聚、回顾历史、纪念祖先的节日，民间有清明节扫墓的习俗。广大民众可以选择这个节期团圆叙旧，祭祀亲人。中秋节是收获季节里的庆功宴，人们怀着丰收的喜悦团聚赏月，品尝佳肴，共话天伦，民间有"月圆人圆"的节俗心理积淀，民众也可以趁中秋假期返乡与家人团聚。这两个传统节日可以弥补民众无法在春节团圆的情感缺失。

六、农业文化遗产的现代化转型：中国传统民间节日需要与时俱进

传统并不意味着陈旧，也不是不可改变的。民间文化是广大劳动民众创造和传承的中国传统文化，其发展与变异历来具有"顺民意、为民生"

的鲜明趋向性。在中国历史尤其在近现代历史上，移风易俗的成功例子屡见不鲜。1831 年贵州锦屏县婆洞十个侗寨七百多户居民为了抵制封建婚俗的"六礼"制，协商制定出维护侗族简朴婚俗优良传统的"八议"，在当地树立了新风（乌丙安，1985）。1756 年由京津移民到广州驻防的满族官兵将观音塑造成本族群的保护神，清政府统治时期，由于拥有御赐观音，他们自然而然地向社会彰显了自身与皇权的联系，巩固了"正统"地位；辛亥革命后，观音信仰成为他们在风雨飘摇的时代变更和备受歧视的异质社会中艰难生存的精神支柱；直至今日，他们的观音信仰仍然具有旺盛生命力，"信观音"是他们强化自身族群认同的无形纽带（关溪莹，2006）。"中华民国"时期，资产阶级进步人士将改革陋俗恶习视为挽救民族危亡的重要手段，他们提出平等女权、禁鸦片、禁缠足、禁包办婚姻、禁早婚早育、禁迷信等一系列移风易俗主张，加速了中国传统风俗现代化的进程（万建中，2002）。

当前改革开放的中国面临着又一次时代大发展、社会大变革的浪潮，经济、政治、文化体制全面现代化对农业文化遗产也提出新的要求。与以往时代相比，由于人口数量增加，民众视野扩大，价值取向多样化等现状，当下移风易俗的任务更加艰巨。另外，随着我们对农业文化遗产发展规律的深入把握，广大民众文化水平提高，社会控制能力大大提升，以及多种社会媒体发挥舆论引导和心理影响作用，使得我们对当下传统习俗的移风易俗工作更有信心。

"岁时节日无论古今，它们有一个共同的文化功能，就是调节服务民众生活。"（萧放，2002）春节作为传统农业社会的文化遗产，对于增强宗族凝聚力、融洽感情、平衡民众心理发挥了重要作用。当下为了适应社会的快速发展和现实要求，我们需要移风易俗，使春节这一民间文化更好地服务于民众生活。当然，移风易俗是一项艰巨而漫长的工程，需要在国家权力、地方组织和整个社会共同参与的基础上，寻找科学的方法，继承传统风俗中的合理内核，以更符合时代潮流的生活方式取代其中陈旧过时的部分，逐步向全社会推广，长此以往达到移风易俗的目的。

参考文献

［1］陈连山．论春节民俗的文化象征意义：重建日常生活文化的一项

努力 [J]. 民俗学刊, 2003 (4): 90 - 96.

[2] 关溪莹. 从女神崇拜到观音信仰: 广州世居满族文化重建过程中的信仰变迁 [J]. 宗教学研究, 2006 (1): 117 - 120.

[3] 郭璞. 尔雅·释天第八. [M]. 四部丛刊本. 上海: 商务印书馆, 1936.

[4] 刘安. 淮南子 [M]. 许慎, 注, 陈广忠, 校点. 上海: 上海古籍出版社, 2016: 63.

[5] 乌丙安. 中国民俗学 [M]. 沈阳: 辽宁大学出版社, 1985: 201.

[6] 万建中. 民国的风俗变革与变革风俗 [J]. 西北民族研究, 2002 (2): 119 - 128.

[7] 萧放. 岁时: 传统中国民众的时间生活 [M]. 北京: 中华书局, 2002: 249.

[8] 苏宝荣. 《说文解字》今注 [M]. 西安: 陕西人民出版社, 2000: 252.

[9] 钟敬文. 民俗文化学: 梗概与兴起 [M]. 北京: 中华书局, 1996: 260.

广府民俗建构岭南文化认同研究[①]

广府民俗源远流长，在现代社会依然保持着持久的生命力和活力。本文通过查阅网络、书籍、报刊和田野调查，搜集广府地区在建筑、饮食、民间节日、民间信仰、戏曲、游艺民俗等方面具有代表性的民俗文化，分析广府民俗如何建构岭南文化认同，包括文化形式认同、文化规范认同和文化价值认同三个维度。以广府民俗为纽带，促进岭南各地交流、发展、合作，为建设充满国际竞争力的一流湾区做出积极的贡献。

岭南，是我国南方五岭以南地区的概称，以五岭为界与内陆相隔。岭南的历史源远流长，范围涵盖粤、桂、琼等省及港、澳特别行政区；岭南民系包括广府人、潮汕人、客家人，也融合了诸多移民到此的少数民族同胞；岭南的多种分支文化由港澳文化、特区文化、雷州文化、桂东文化、香山文化、琼州文化等共同组成（李明华，2007）。从历史上的岭南到改革开放中的珠三角再到21世纪的粤港澳大湾区，岭南在时代洪流中不断展现新的面貌，在国家发展大局中具有重要战略地位。

文化认同对一个国家、地区起着非常重要的作用。现代社会特别是都市化进程使原来稳固的社会系统转变成流动性社会规则和习俗，其继承性减弱。而在民间社会中，文化变迁缓慢，风俗、习惯、道德规则和价值观的延续性强。虽然岭南各地的发展历史不同、政治制度有别，但由于地域接近，因而在文化上有着诸多相同或相似的文化因子，如共享的岭南文化命脉以及相对较为统一的粤语语系，形成了比较活跃的广府地方传统文化

---

① 感谢苏泳筠在本文调研过程中给予的大力协助。

特色，在粤菜、粤曲、粤剧、岭南民间艺术等民间文化领域充分显示了融合特质。广府民俗的同质性强，成为建构湾区文化认同的重要资源。我们可以深入挖掘湾区中的广府民俗文化，研究如何通过广府文化建构湾区的文化认同，促进粤港澳三地共同繁荣。

一、广府民俗的文化背景

"广府"是"广州府"这一行政区划的简称。"广府"作为一个地理名词，最早出现于《旧唐书·地理志》，是初唐时期"广州都督府"的简称。当时的"府"不是行政区划，只是官署之称。宋、元时期的行政区划上也不存在与"广府"名称相关的情况，直到明代始设广州府。广州府始设于 1368 年（明洪武元年），辖 1 州 15 县，到了清代，广州府管辖南海县、番禺县、顺德县、花县、东莞县、从化县、龙门县、新宁县、增城县、香山县、新会县、三水县、清远县、新安县共 14 县（杨万秀、钟卓安，1996），范围包括今珠江三角洲大部分地区。广州府自设立以来，经济发达、商贸繁荣、文教鼎盛，一直处于广东省的领先地位，也是广府文化的核心地带和兴盛之地。

广府人是广州府人的简称，泛指以粤方言为主的地区。广府民俗是这片以粤方言为主的地区在饮食、节日、建筑、信仰等方面的地域民俗。经历了新石器时期、中原文化和南越国内越文化交流时期以及中西文化融合时期，广府民俗在兼收并蓄的过程中形成了自己独有的、鲜明的地域文化。

广府民俗的形成与发展，主要与以下几点有关。首先是四次大规模的中原移民浪潮，第一次是在两汉末年，国家战乱频仍，到了两晋时期，不仅布衣平民，许多"衣冠望族"也举家南来，他们经济实力雄厚，地位显赫，来到岭南后便迅速占领各郡，过着群居生活，对当地的风俗习惯以及文化产生了深远的影响；第二次的移民浪潮发生在北宋灭亡之际，康王赵构带领着大批难民一起南逃；第三次是在元军攻陷南京城临安后，成千上万的江南移民越过五岭到达岭南，大批移民散落至广州以及珠江三角洲一带；第四次移民浪潮在明代末年，由于广东的商品经济已经有了一定的发展，不少遗臣纷纷逃到广州，带来了不少移民。这四次大规模的移民，在改变了岭南地区人口结构的同时，还催化了社会民俗和文化生活与中原文化的融合。

其次是粤方言的形成，自汉代以来，中原人源源不断地迁徙至岭南，促进了粤语的发展和定型。粤语是中原雅言和岭南土著居民语言沟通、交流、融合的产物，一方面继承、保留了古汉语的特点，另一方面也吸收了一些南方语言成分，与普通话和其他方言有较大差异，具有自己独特的语音特点。语言是文化的载体，只有语言得以传播，民俗活动才能顺利进行。正是粤语的出现，才使得分布零散、驻扎在岭南各地的南越部族凝聚成一个整体，代代相传，繁衍至今。

最后是人文地理因素的影响。在经历了几次大迁徙后，中原移民离开了他们世代生活的家园，面对茫茫大海，他们产生了开拓进取、重建家园的决心。在中原政治斗争所受的迫害以及朝廷的风云诡谲使他们开始淡泊名利和政治，转向对经济地位的追求。这些中原移民充分利用了岭南濒临海洋的地理优势，发展出与自给自足的小农经济截然不同的商品经济。他们向外开拓市场、销售商品。同时，广府地区有着肥沃的土地和适宜的气候，种植业、畜养业得以发展的同时又带动了手工业、纺织业的繁荣。至此，广府地区完成了其产业的转型升级，大量富有民俗特色的手工制造业、农产品加工业等产业应运而生。

广府民系文化特征以珠江三角洲最为突出，既有古南越遗传，更受中原汉文化哺育，又受西方文化及殖民经济因素影响，具有多元的层次和构成因素。

二、岭南地区的广府民俗

湾区不仅是一个由粤港澳三地组成的城市群概念，更是一个以广府文化为基础的文化群体概念。三地有着深厚的历史、地域、亲缘关系，居民在语言文化、风俗习惯上是相通的，构筑起一张张相互交融的文化关系网（王世福、黎子铭，2019）。广府根、广府情并没有断裂，粤港澳三地还是有着诸多共同的民俗文化。

（一）建筑

骑楼是广府建筑的代表之一，其功用和建筑风格与岭南气候、人文等环境相联系。骑楼楼体以 2 ~ 3 层为主，为适应亚热带和热带地区冬短夏长的气候条件，遮蔽烈日暴雨，人们在建筑首层置贯通的人行道——"骑廊"，行人可全天候穿行其间，故名为骑楼。清末以来，广州这一贸易口岸成为华侨工商业扎根的地区。辛亥革命后，民族工商业迅速发展。广州社会环境相对稳定，经贸繁荣。广州在十多年间从古老的旧城一跃成为近代南中国的大都市，骑楼应运而生。第一批骑楼的产生是西关与旧城区接壤（原西城墙基）的马路两侧，大约在丰宁路和上下九路一带。从现存的骑楼分布情况也不难看出骑楼与商业的关系十分紧密。太平路（今人民南路）、长堤路、西堤路、一德路、上下九路、沙基（今六二三路）、永汉路（今北京路）、泰康路、惠爱路（今中山五路）等骑楼最密集的地区，正是广州市当时商业最繁华的地区（黎尚健，1996）。20 世纪 30 年代之后的广州，便没有大规模兴建骑楼建筑了。在改革开放后，政府着手对老旧的骑楼街进行改造翻新。

骑楼作为一种中西文化交融的产物，不仅在广州广泛分布，在香港和澳门也是代表性的建筑物。在香港九龙、太子基隆街口，澳门河边新街和新马路附近，可以看到许多年份久远的骑楼，有些因为常年失修，屋内已经倒塌，仅剩一堵被钢架支撑着的外墙供世人参观。澳门的骑楼街位于大三巴牌坊附近的新马路。与广州骑楼不同的是，澳门的骑楼对色彩十分讲究，墙身的颜色都很鲜艳，有黄色、绿色等，地上还铺满了各式各样带装饰物的石板路，有贝壳、海马、鲍鱼等，与骑楼两边街道分布的海鲜铺、水产店相辉映，氛围十分融洽。澳门的骑楼至今已有一百多年的历史，在澳门人的眼中，这些都是弥足珍贵的文化遗产，它们不仅代表着澳门这座城市的历史底蕴，更说明了粤港澳三地同胞在过去的历史中有着息息相关的、共同的回忆。

除此之外，灰雕、砖雕、木雕等建筑艺术也在粤港澳三地广受青睐。

（二）饮食

广东早茶是一种独特的饮食文化习俗，是广东人生活中必不可少的一项内容。常见的早茶品种有铁观音、红茶、乌龙、普洱、菊普（菊花和普洱）等，更重要的是点心、菜肴和粥品。广东早茶分干湿两种，干点最为精致独特，具有代表性的有榴莲酥、虾饺、烧卖、叉烧包、奶黄包等。

清代中后期，随着广州商业的发展，城市各阶层的分化加快，大量农业人口向城市流动，茶馆成为民众重要的休闲、交际场所。初级茶馆是劳苦民众的饮茶和休息之处，环境设施非常简陋。徐珂在《清稗类钞》中描写了清代广州的一种初级茶馆："粤人有于杂物肆中兼售茶者，不设座，过客立而饮之。最多为王大吉凉茶，次之曰正气茅根水，曰罗浮山云雾茶，曰八宝清润凉茶。又有所谓菊花八宝清润凉茶者，则中有杭菊花、大生地、土桑白、广陈皮、黑元参、干葛粉、小京柿、桂圆肉八味，大半为药材也。"（徐海荣，1999）金武祥在《粟香随笔》中也记载了一种初级茶馆："广州……市廛尽处有快阁，为行人茶憩之所……"（金武祥，2017）这种简易的路边店适应了大众化消费需求，作为劳作之余的歇息之所，很受下层民众的欢迎。后来一些店家为改善经营，提升知名度，便设立了广州最初的专业茶店"二厘馆"，这种茶店已有桌、凳和简易的店铺，有些茶店还供应肉包、米饼、糕点等价格便宜的食品，茶价二厘（每角钱72厘），可以说是茶店的萌芽。其中较有特色的就是"一盅两件"，指的是一盅茶水和两件简单的点心。清同治、光绪年间，广州与周边的佛山、市桥及珠三角城镇的茶楼已普遍存在。

清末出现的茶居则是档次较高的"茶馆"，设计与西关大屋相仿；后来有了三层楼高的茶居，始称"茶楼"，于是有了闲句"有钱楼上楼，无钱地下踎（粤语，'踎'即蹲）"，虽饮茶有等级之分，但饮茶之风仍日渐遍及广府各阶层，促成了广府人"饮早茶"的习俗，陆续出现了陶陶居、广州酒家、荣华楼等如今仍在广府地区十分受欢迎的茶楼。在香港，很多港人都有"饮早茶，睇早报"的习惯，每天六七点钟，喝早茶的人都会先去报刊买份报纸，然后再到茶楼"叹早茶"。因此，很多报纸批发商和零售商为了迎合这部分人士的需求，比他们更早起床去准备每日晨报。目前粤式早茶流行的地区仍广泛集中于粤港澳一带，于广府人而言，早茶不只是食物，它代表了广府人所认同的养生方式和文化内涵，同时也是维系粤港澳三地情感的纽带。

粤菜是中国的八大菜系之一，无论在粤港澳地区，还是海内外广府华侨聚居的地方，中菜馆都是以粤菜为主。明清时期，地处珠三角地区的人们将全国东、南、西、北、中的各种烹饪技术汇于一体，在兼容并包的前提下取百家之所长再进行创新。"二战"后，在香港出现了新派粤菜，又名"港式粤菜"。香港位于珠江三角洲，无论是菜肴的烹饪方式还是在食材的选择上都与广东地区同出一辙，但是，香港在继承传统广州菜的同时不断创新，改良出了具有自己独特色香味的港式粤菜。除了广州著名的陶陶居、广州酒家等粤菜馆，在中西式饮食交汇的港澳地区也不乏粤菜馆的身影，比如香港的大荣华酒楼、利苑酒家，澳门的龙华茶楼等。在20世纪四五十年代，粤菜就已在港澳两地扎根，其虽不诞生于香港、澳门，却在港澳得到了很好的传承和发展，时至今日，粤菜厨师在港澳仍旧是非常有竞争力的职业，同时，两地同胞的饮食习惯以及对菜肴的色香味要求仍是以粤菜菜系为主。由此可以看出，粤港澳三地的粤菜文化还是有着千丝万缕的关系。

除了早茶和粤菜，很多岭南小吃如鸡公榄、凉茶、布拉肠、马拉糕等也深受粤港澳三地民众喜爱。

（三）民间节日

春节、清明节、端午节和中秋节这四大节日是粤港澳三地同胞共同庆祝的传统节日，三地政府在这些节日里都会安排公众假期，让居民能够与家人团聚，共同过节。三地文化同根同源，这些节日在习俗上也有颇多相似之处，比如春节人们都会"行花街"、吃团圆饭；清明节家里老老少少都会上山扫墓，还要吃烧猪、放鞭炮；端午节各家各户都会包粽子，看龙舟比赛；中秋节则会聚在一起赏月、吃月饼，小孩子就会提着灯笼串街走巷、四处玩耍。

中华民国时期，迎春花市基本定型，其时多被称为除夕花市或年宵花市。1919年广州城市政改造，花市最终定址于教育路、西湖路、桨栏路，成为广州历史上最为悠久的迎春花市。中华人民共和国成立后，广州除夕花市从花农花贩自摆自卖变为政府主办，定点花市的主要街道实行交通管制，"文革"中唯有西湖路花市断断续续地留存下来。改革开放以后花市恢复，各区均设有花市。

传统迎春花市从农历十二月二十八开始至除夕子夜结束，历时三天，在花街会有花农搭起售花的棚架摊档，沿着花街伸展，摆成几条长廊。花街上张灯结彩，喇叭里播放着轻快的广东音乐，人们看花、买花、"卖懒"（在花街上闲逛），川流不息，日夜不分，花农吃住都在花市。如今，广州迎春花市已经入选广东省第二批非物质文化遗产名录。作为广府地区传统的岁时习俗，花市承载着广府民众对生活美满的期望。同样，港澳地区也保留了这一广府习俗，香港维园花市和澳门塔石广场年宵晚会的存在正说明了逛年宵花市是香港人、澳门人必不可少的节日习俗之一。

每年农历的九月二十八，是广府地区的"华光诞"，全称五显华光大帝诞。传说华光善于用火，身上藏有金砖火丹，随时用火降伏魔怪，所以后来民间又把他视作"火神"。一到这天，街头巷尾就会有不少人请法师做法事，以祈求全家平安健康。相传，有一次在九月二十八这天，戏班子出演《玉皇登殿》，玉帝认为有亵渎天庭之意，于是派华光下凡惩治这些戏子并且要烧毁戏棚，多亏华光出手相助，保全了粤剧艺人们。因此粤剧艺人将华光奉为祖师爷，对此节日更为看重，他们会聚在一起祭拜华光，祈求平安顺利、消灾解难，登台演戏顺利进行。在澳门，每年农历八九月会举行打华光仪式，请和尚诵经以防火灾，还有不少信徒将儿女过契给华光，祈求平安。华光诞当天，民众要举办一系列的庆祝活动，尤以莲溪庙最为典型。莲溪庙位于澳门新桥区中心，历史逾两百年，是澳门历年来演出神功戏的重要场所，百余年来酬神活动从未间断。当天信徒们会从庙中抬出近一米高的华光金身像，由四名男子抬着进行巡游。如今的华光诞已成为海内外粤剧艺人联络感情、传承粤剧文化的一大盛事，为广府民俗添上了浓墨重彩的一笔。

农历七月十五中元节是道教三元节之一，为地官赦罪日；这天也是佛教的盂兰盆节；在民间，这一天是百姓祭祀先人、告慰亡灵的日子，是广府地区重要的民俗节日。人们用酒肉、糖饼和水果祭祀在人间游荡的众家鬼魂，并祈求全家人能够平安健康。在香港，每年农历七月十二至七月十五，离岛坪洲便会举办中元建醮。这里的渔民过去居住在附近港口的船只上，常年与水打交道，常常发生海难，"中元建醮"通过"走龙船"的形式，即把长一米有余的纸龙船供奉于祭坛前，等到法师做完法事后将纸龙船运到龙母庙前的海滩上，随波漂走，完成对遇难者亡魂的超度。而在珠三角地区和澳门，老一辈人会在农历七月期间到街上"烧衣"，民间称为

"烧街衣"，并花数百甚至上千元去购买祭祀用品，烧给死去的鬼魂，让他们在阴间不会缺乏物资，从而保佑全家不被厄运缠身。澳门各区各巷甚至设立专门的烧衣桶，方便民众在祭祀过程中能够顺利烧冥币和点香烛，在活动结束后还有专门的清洁人员来打扫现场。

（四）民间信仰

龙母信仰是源于广府地区的一种民间信仰，在《广东新语》和《南越志》中均有关于龙母传说的记载。龙母崇拜的出现，是由水神崇拜、龙图腾崇拜和祖先崇拜逐渐发展演变而来的，信奉龙母的百姓大多数分布在江河湖海等地。这里地形险要，在雨季容易出现水灾。越地的"蛟龙"本为伤人之物，但经过龙母的驯化后变得善良孝顺，终日施云布雨惠泽大地，后来更是升天成仙，保境安民，庇护当地的居民。五个龙子长大后知恩图报，帮助龙母捕鱼以及在龙母受到秦始皇的伤害和威胁时，多次引船而返，保住了自己的母亲，在得知母亲逝世后，更是伤心欲绝，将龙母安葬在北岸的珠山下。在肇庆市德庆县悦城镇的五龙山下，有一座供奉龙母娘娘的龙母祖庙，其选址位于悦城河和西江的交汇处，背靠五龙山，五座山岭蜿蜒而下，颇有"五龙护珠"之势。香港坪洲的悦龙圣苑是把龙母作为主神的龙母庙，据说，钟玉明女士到悦城给龙母贺诞的当夜梦见龙母，龙母告诉她香港将会被日军攻占，要她把龙母带到香港供奉，于是，钟女士便与几位志同道合的金兰姊妹，合资租了个地方，正式建庙供奉龙母。悦龙圣苑历经六十余年的发展，已经成为香港龙母信仰的中心和粤港两地龙母文化交流的平台（蒋明智，2008）。

天后信仰开始于北宋年间，天后原名林默，出生在福建莆田湄洲岛。相传她是天上下凡的妙行玉女，她的降世就是为了将百姓从水深火热的境地中解救出来。天后只度过了短暂的二十八个春秋，她行善济世，终身不嫁；同时，她上知天文下晓地理，熟悉掌舵技术，水性娴熟，经常引导百姓趋吉避凶，为乡亲排忧解难，还精通医术，给穷苦人家看病、治疗。天后羽化后，她的事迹在民间广为流传，百姓皆把天后作为平安的象征。福建、广东濒临海洋，海上作业风云莫测、事故频发，而古人对海洋、气候的知识了解甚少，因此只有通过祈求神灵的保护来让自己心安，而妈祖作为中国由古至今最为重要的海上守护神，自然受到了沿海民众的普遍崇拜。深圳的天后宫庙，原有三十余座，现仅存 11 座。论历史之久远、建筑之宏伟、影响之巨大，当首推位于深圳南山的赤湾天后庙（陈文广，2012）。赤湾天后庙创建于宋代，明清两代历经重修，随着海上丝绸之路的开辟，它成了对外通商的重要枢纽。凡出使东南亚各国的朝廷使臣，在出海之前都要来祭拜天后，以求航海顺利。如果成功返航，还需特地到天后宫中还神，感谢天后的庇佑。如今，身居各地的广府同胞仍会到此地来观光旅游，祈求天后的保佑。

香港，一个面积仅为 1000 多平方公里的地方，就建有 350 座大大小小的天后庙，其中香火最为旺盛的要数新界西贡大庙湾的佛堂门天后古庙，它与澳门妈阁庙、深圳赤湾天后庙合称为南中国"三大"天后庙（肖文帅，2012）。农历三月二十三天后娘娘诞辰这天会有很多庆祝节目和活动，其中最为隆重、规模最大、最受瞩目的就是天后宝诞会景巡游，现场人声鼎沸、热闹非凡。澳门的先民大多来自福建和广东，这些地方妈祖信仰特别盛行，妈祖信仰在澳门也有众多信众。妈阁庙，建于明朝，其依山面海、飞檐叠阁，是澳门现存的历史最为久远的庙宇之一。除妈阁庙外，澳门自明以来共有八处拜天后的地方，如莲峰庙、慈护宫、氹仔天后宫、关帝天后古庙、天后圣母殿、马交石天后古庙等（华方田，1999）。澳门的妈祖崇拜与航海有着密不可分的联系，当地濒临海洋、临靠珠江水系，妈祖作为中国由古至今最为重要的海上守护神，自然受到澳门同胞的普遍崇拜。时至今日，每当到了天后诞辰日，妈祖阁和其他天后庙仍旧香火旺盛，前来上香的信徒络绎不绝。澳门"妈祖信俗"已列入国家级非物质文化遗产代表性项目名录。

北帝信仰起源于古代的星辰崇拜，其全称为"北方真武玄天上帝"。广府地区濒临海洋，水系众多，常因滂沱骤雨而导致洪灾泛滥，生活在这里的广府人每天都在与水打交道，生命和财产都受到了严重的威胁。民众需要神灵庇护，以此来获得心灵的慰藉，于是管理所有海域安全的北帝便成为众望所归的水神，自北宋以来一直受到官方和民间的祭拜。佛山祖庙建于宋代，明清时期佛山祖庙三月初三北帝诞是当时佛山地区最盛大、最具排场、最热闹的贺诞活动。北帝诞主要活动内容包括设醮肃拜、北帝巡游、演戏酬神和烧大爆等，到了清朝已发展成了"举镇数十万人"参加的大型祭祀活动（肖海明、周艳，2019）。改革开放后，随着传统文化的复兴，三月初三北帝诞的相关习俗以及著名的北帝巡游仪式又逐步恢复起来，当地政府更是将其作为文化名片来进行宣传，这也体现了北帝信仰文化的深刻内涵和旺盛的生命力。

香港的北帝庙又被称为"玉虚宫"或者"玄天上帝庙"。长洲玉虚宫、湾仔玉虚宫和鹤园角北帝古庙都是在香港香火较为旺盛的北帝庙。长洲玉虚宫位于长洲北社街，相传有一天，当地渔民从大海里打捞出了一尊神像，引起了不小的轰动，有的渔民认出是北帝的神像，大伙便认定这是天降的福气，能保当地百姓的平安，于是在乾隆十八年集资建造这座长洲玉虚宫用来供奉北帝。湾仔玉虚宫的名气更为响亮，它被评为香港的"一级历史建筑"，在清朝同治二年由当时的湾仔坊众集资建成。鹤园角北帝古庙建于1876年，原本建在马头围道的一个小山丘上，后来搬到了红磡马头围道，为了与这座庙宇相呼应，不仅旧址附近的街道被命名为北帝街，新址旁边的街道也被命名为北拱街，寓意"受北帝拱卫的地方"，可见港人对其重视程度。澳门的北帝庙是氹仔北帝庙，庙宇庄严肃穆，两边的门联写着"北总天枢威镇龙环三沙钦圣德，极居帝位恩周渔港四海颂裨功"，这是专门歌颂北帝丰功伟绩的。澳门每年四月十一日庆贺北帝诞的传统还延续至今，每当这天到来时，澳门人都会举行盛大的贺诞活动，场面十分热闹。

（五）戏曲

粤剧，又称广府戏、广东大戏，是广东及广西粤方言区最大的剧种。粤剧形成于广东，后传入港澳，世界各地有华侨居住的地方均有粤剧演出。粤剧源自南戏，受不同地区的唱腔和剧种的影响，以明清时期流入广东的海盐腔、弋阳腔、昆山腔、梆子腔等为基础，吸收珠江三角洲的民间音乐而形成。

粤剧在其自身的发展过程中不断创新，形成自己独特的风格，享有"南国红豆"的盛誉。广东孕育了许多戏曲大家，像马师曾、红线女、白驹荣都是才华出众的粤剧名伶。宋元以来，"北帝崇拜"成为广府民间信仰的主要现象。民间围绕"北帝"开展了许多民间信仰活动，尤以为了酬谢北帝而吟唱的"神功戏"最为繁盛。神功戏就是举行祭祀仪式时的礼乐演出，它是沟通信徒与信仰之间、人神之间的艺术桥梁和交流方式，将娱神发展到娱人，乃至人神共娱。在澳门，每年春节或庆祝民俗节日时，大大小小的寺庙都会搭建临时舞台上演神功戏。澳门神功戏的演出从清朝开始至今都没有中止过，它的存在也是对广府粤剧的一种传承（曾令霞，2019）。

2003年开始，粤港澳三地政府将每年11月最后的一个星期日定为粤剧日，借以扩大观众层面，达到保存及推广粤剧的目的。2006年5月20日，粤剧被列入第一批国家级非物质文化遗产名录。2009年10月2日，由广东、香港和澳门联合申报，粤剧被列入联合国教科文组织人类非物质文化遗产代表作名录。

（六）游艺民俗

粤港澳三地仍保存着一些民众喜闻乐见的游艺民俗，如飘色、赛龙舟、舞龙、舞狮等。飘色是由不同的民间艺术形式构成的沿街巡游活动，通常以儿童为表演主体，向观众展示一些耳熟能详的故事和传说，是一项将杂技、戏剧、装饰、色彩、表演集中在一起的民俗活动，流行于岭南地区，是一种用于迎神、送神的游艺民俗。广州番禺区的沙湾飘色年代久远，技艺精湛，由色柜、儿童和色梗构成。色柜是用来承受色梗和儿童的，色梗则是连接表演者和色柜的钢条，给儿童提供安全保障。男孩一般扮演在空中飘荡的"飘"，女孩则坐在柜子上扮演"屏"。从沙湾飘色题材的选择、饱满的色彩和节奏、韵律中可以感受到其深受粤剧、广绣以及广东音乐的影响（舒建燕，2013）。在香港，每年的农历四月初八，位于香港岛西南海域的长洲岛都会举行太平清醮，其中，飘色会景巡游是祈福过程中的一项重要活动。会景巡游是宗教仪式，自20世纪30年代起，当地居民将飘色巡游引入其中，最初的飘色巡游由小孩身穿古装扮演民间故事人物，站在布置如舞台般的花车上。时至今日，为增强与宾客的互动以及娱乐性，飘色巡游增加了反映时事的题材，比如反映时下的电视剧题材以及时政热点，以获得观众的更多共鸣（王爽，2017）。由此可以看出，香港的飘色巡游宗教意味逐渐淡化，越来越倾向于时效性和功用性。在澳门，每年农历五月十八这天，"飘色贺诞巡游"的队伍会为"哪吒诞"沿街巡游，巡游队伍从大三巴牌坊出发，哪吒神像由醒狮队护送，场面可谓热闹非凡。

广府地区的龙舟竞赛，通常称为"扒龙舟"。由于广府地区河网密布、水量充沛，每当端午节前后，家家户户就会开始张罗龙舟比赛。这项民俗活动与当地的人文自然环境紧密相连，人们举办扒龙舟的目的一是祈求风调雨顺、五谷丰登，二是驱邪避灾、除凶去害。然而现在，扒龙舟俨然已成为一种龙舟文化，是粤港澳三地同胞共同庆祝的一场民俗盛宴。2018 年和 2019 年粤港澳大湾区龙舟文化节分别在中山市石岐龙舟文化主题公园和珠海市斗门区的黄杨河上举办，来自粤港澳地区的龙舟健儿和龙舟爱好者汇聚一堂，将体育竞技和传统民俗融汇一炉，展示出广府人悠久的扒龙舟历史和积极向上的精神风貌。

三、广府民俗建构粤港澳大湾区文化认同

文化认同通俗来说就是一个人对于自身属于某个社会群体的认同。这种认同往往与国籍、地域、民族、宗教、社会阶层、世代等相联系。一个国家、地区的文化只有被人民认同，才不会被湮灭在历史的长河中，并且越走越远（张潇月，2018）。从心理学的角度看，构建文化认同是一个复杂且长远的过程，是一个从无意识认同到有意识创新、传承、发展的社会心理过程。文化认同反映着人们对文化的认识和接受程度，因而是一个由表及里逐渐发展的内化过程，可分为三个层次：文化形式认同、文化规范认同、文化价值认同，三个层次逐层递进，相互影响和作用，构成了文化认同体系。以下从这三个维度讨论广府民俗如何建构粤港澳大湾区的文化认同。

（一）文化形式认同

衣食住行、婚丧嫁娶都是文化的外在物质形式，这是文化的物质表象和现实基础。由于广府地区地缘、语言、经济发展、人群构成等的关系，广府人在衣食住行、婚丧嫁娶等方面表现出一些特殊的一致性。比如在穿方面，广府人非常低调，短背心、人字拖似乎是广府人的标准搭配。不管家境如何，舒适永远是广府人穿着的第一选择，这与其他地域有明显的区别。而在饮食方面，广府临海，广府人十分讲究食材的新鲜，在烹饪菜品时基本不会放过多的配料，讲究原汁原味。在婚礼方面，广府人的彩礼和嫁妆不会给很多，都是讲究一个好兆头，是长辈对新婚夫妇的一种祝福。由此看出，广府民众品粤菜、饮早茶、住骑楼、喝凉茶，在物质生活形式上趋同的地方有很多，这构成了其文化认同的根基。

（二）文化规范认同

文化规范认同体现在湾区民间文化的构成规则趋同。粤港澳三地讲粤语、听粤曲、看粤剧、欣赏岭南民间艺术、过四大节日和其他民间节日，这些民间文化的构成规则趋同，三地民众在参与这些民俗事项时彼此认同。以粤语为例，粤港澳虽然因为位置毗邻而被划为同一个湾区，但实际上语言才是主要的划分依据。从"粤港澳大湾区"中的"粤"中可以看出，粤地区并非指整个广东，而是在广东省内以粤语为主要语言的九个沿海城市。粤语是当地的主要方言，粤剧是当地的主要地方戏剧，当地大部分的儿童是听着广府童谣长大的。语言构建的文化认同相比其他因素都要容易一些，因为语言的共同性使得使用相同语言的人有相同的逻辑思维和表达惯性，这不仅表现在沟通上的无障碍，还体现在双方之间更易于理解和包容。广州地区的白话、香港的香港话以及粤地区除广州以外的其他城市群说的都是粤方言，哪怕或多或少都带有不同地方的口音，然而只要对方一说粤语就会倍感亲切。还有像粤剧、广府童谣这些用粤方言特有的声调、词语传唱的艺术作品，里面的声调语调、句子词汇都不是非粤语方言区的民众能深入理解的，所以文化规范认同增加了粤港澳民众彼此的认同感。

（三）文化价值认同

文化价值认同是通过广府民俗中蕴含的粤港澳三地民众的思维方式和审美心理体现出来的，可以从历史认同、信仰认同和思维认同三个层面解读。

广府人的形成并不是一蹴而就的，而是经历了一个两千多年的发展进程。从秦汉开始经过四次移民，南迁的中原移民与百越土著相融合形成了广府民系。粤港澳三地同胞同根同源、血脉相连，在了解民间节日、民间信仰、饮食建筑等多项民俗的过程中，湾区民众一再确认粤港澳三地血脉相连，有深厚的地缘、史缘、亲缘等关系，获得了历史认同。这是三地之间文化紧密联系、交流合作必不可少的因素，运用好这些因素，粤港澳大湾区的发展将会更加紧密和久远。

在广府人的日常生活中，龙母、妈祖、北帝等民间信仰比较普遍，在粤港澳三地也有着同样的影响。比如，妈祖信仰中承载的护国护民的爱国精神、构建和谐的和平精神、开拓进取的奋斗精神以及慈悲、宽容、孝悌的传统伦理道德都得到了广府民众的认同；再比如，龙母信仰宣扬的孝道深受三地民众推崇，广府地区每到清明节时整个家族的亲戚朋友都会齐聚一堂，为的就是在这一天能够和自己的家人一起悼念故去的亲人，其隆重及受重视程度完全不亚于春节，由此可以看出，"老有所养，终有所送"的传统观念、血浓于水的骨肉亲情不管是在过去还是现在，都是粤港澳三地民众共同追求的。信仰认同强化了广府民众的认同感和凝聚力。

文化认同包括人们对自然、社会和人类自身的总的认识，体现了人们的世界观、价值观和人生观，是一个完整的体系。在广府民俗中不难提炼出相似的价值认同，粤语的包容性，粤菜的原汁原味，工艺美术中的开放务实，民间信仰中的正直、孝道、善良，节日习俗里的拼搏争先已经成为粤港澳三地民众共同秉承的价值观。这些开放的、务实的、包容的精神体现在历代先贤和革命先辈的优秀事迹中，从百日维新到人民民主革命，从广州起义到社会主义市场经济体系的建立，这些史实都生动形象地证明了广府文化的开拓精神和广府人执着的价值认同。

四、结语

从文化根脉的角度看，粤港澳地区原本就是由岭南文化一体同脉发展而来，它们在民间文化上有着高度的同一性，只不过由于近代历史上的殖民侵略，导致了地区间政治制度的不同，从而在文化上出现了不同程度的分化。但文化融合在粤港澳区域内有着天然的优势，在日常性语言、风俗习惯、思想观念等方面都存在着原生文化的高度契合。粤港澳地区文化习俗相似、民俗形式相通、民众心理相合，广府民俗在粤港澳大湾区的建设中既面临挑战又充满机遇，因此，我们应抓住机会，让更多的新元素以及新鲜血液注入广府民俗，促进其在继承中发展创新，让广府民俗在三地的文化交流中相互包容与吸收，从而得到更多广府人的认同，强化我们的文化自信和群体凝聚力，为建设世界一流湾区添砖加瓦。

参考文献

[1] 陈文广. 天后与赤湾天后庙 [J]. 旅游纵览（行业版），2012

（7）：94 – 95.

［2］华方田. 妈祖崇拜：澳门的民间信仰［J］. 世界宗教文化，1999（2）：56 – 57.

［3］蒋明智. 龙母传说与粤港澳文化认同［J］. 广西民族大学学报（哲学社会科学版），2008（6）：119 – 123.

［4］金武祥. 栗香随笔［M］. 谢永芳，校点. 南京：凤凰出版社，2017.

［5］黎尚健. 试论广州骑楼街的历史、价值和保护［J］. 广东教育学院学报，1996（4）：49 – 52.

［6］舒建燕. 粤韵流芳 沙湾飘色：浅谈沙湾飘色色彩风格特征［J］. 大众文艺，2013（5）：50 – 51.

［7］王世福，黎子铭. 依托文化线路构建粤港澳人文湾区的空间战略思考［J］. 南方建筑，2019（6）：39 – 45.

［8］王爽. 香港长洲太平清醮声景研究与非物质文化遗产保护［J］. 遗产与保护研究，2017，2（3）：96 – 99.

［9］肖海明，周艳. 佛山祖庙北帝诞的源起与传承［J］. 文博学刊，2019（2）：99 – 104.

［10］肖文帅. 探究香港民间水神信仰的源流［J］. 江西农业大学学报（社会科学版），2012（1）：136 – 142.

［11］徐海荣. 中国饮食史（卷5）［M］. 北京：华夏出版社，1999：443.

［12］杨万秀，钟卓安. 广州简史［M］. 广州：广东人民出版社，1996：155 – 158.

［13］颜刚威. 试析澳门农历七月鬼节文化［J］. 边疆经济与文化，2018（12）：57 – 59.

［14］曾令霞. 神功戏：广府粤剧传承传播方式之一：澳门妈祖阁天后诞田野记［J］. 四川戏剧，2019（3）：10 – 15.

［15］曾应枫. 广府北帝信仰文化的流变及价值［J］. 探求，2017（4）：28 – 33.

［16］张潇月. 从马克思人的需要理论中探求文化认同［J］. 中共伊犁州委党校学报，2018（2）：28 – 30.

生态民俗学视域下明清广东蚕俗研究①

对明清广东的古蚕书、地方志、文人笔记、竹枝词等文本资料进行梳理，呈现出广东蚕业的信仰习俗、祛祟禳灾与禁忌习俗、阴阳五行观念和蚕俗谚语等民俗。明清广东蚕俗蕴含了大量桑蚕生产技术，也构筑了蚕农的日常生活世界。这些习俗是岭南地域独特自然环境模塑的产物，也是广东蚕农创造性地适应生态环境的结果，对现代社会的生态文明建设具有参考意义。

中国的丝绸通过陆上丝绸之路和海上丝绸之路输送到各地，对世界文明的交流和发展作出了不可磨灭的巨大贡献。广东作为海上丝绸之路的一个重要起点，在对外经济文化交流中发挥着举足轻重的作用。岭南出现蚕桑生产的时间相对较晚，最早记载蚕业生产的是《汉书》："自合浦徐闻南入海，得大州，东西南北方千里，武帝元封元年略以为儋耳、珠崖郡。民皆服布如单被，穿中央为贯头。男子耕农，种禾稻、苎麻，女子桑蚕织绩。"（班固，1962）桑蚕同时出现，说明当时的海南已经开始用桑喂养家蚕，而非野蚕。明代以前关于广东蚕桑发展的记载并不多，也比较散乱，这也间接反映了明代以前广东的蚕桑在全国的地位并不突出。经过元末多年的战争，蚕桑业遭到巨大的破坏，加之棉花在全国大范围的推广种植，到了明代，"（棉花）其种乃遍布于天下，地无南北皆宜之，人无贫富皆赖之，其利视丝枲盖百倍焉"（徐光启，2002），这导致北方蚕桑重地逐渐衰弱，蚕桑业中心日渐南移。明代后期广东开始出现"桑基鱼塘"的生态农业形式，而清中期以后珠江三角洲更是两次形成"弃田筑塘、废稻树桑"

① 感谢王权在本文写作过程中给予大力协助。

的蚕桑生产高潮，广东珠江三角洲地区、江浙杭嘉湖地区与四川一带形成当时全国的三大蚕区。

蚕业生产技术和蚕俗文化是几千年来我国广大民众在蚕业生产过程中不断积累、总结出来的优秀农业文化遗产。对明清广东蚕业生产技术的总结与传播及蚕业习俗的记载，主要体现在《广东新语》的"八蚕"和广东古蚕书中。广东的古蚕书主要集中在晚清，光绪十二年（1886）陈启沅撰写的《蚕桑谱》比较详细地记述了当时广东的蚕桑生产技术，稍后有东莞石龙普善堂编撰的《蚕桑格式》（1891）（即《种桑养蚕格式》）和连平广大生辑著的《课蚕要录》（1892），这两本书后来先后被合辑为《蚕桑会粹》《粤东饲蚕八法》。另外还有卢燮宸的《粤中蚕桑刍言》（1893）、李应珏《乡董箴言》之《蚕桑说略》（1901）、姚绍书的《南海县蚕业调查报告》（1903）和赖新依的《岭南蚕桑要则》（1911）等。除此之外，广东地方志、明清笔记、竹枝词等也是记录明清广东蚕业生产技术和蚕业习俗的重要资料。相比江浙和四川的蚕业生产技术和蚕俗研究，明清广东的蚕业生产技术研究成果并不多，蚕俗研究成果更少，这与当时广东所处的重要蚕区地位极不相符。我们对上述文本资料进行梳理排查，以期全面而立体地呈现明清广东的蚕俗，结合明清广东的生态环境和历史条件进行考察，借助生态民俗学的相关理论，深入理解明清蚕俗的科学性与实用性，为当代蚕业生产的发展提供借鉴，这也对传统农业文化的传承与保护有着重要的现实意义。

一、明清广东蚕业生产的生态环境

明清时期的广东包括现在的广东省，今属广西的廉州、钦州部分地区和整个海南。广东北靠五岭，有五岭的阻隔，相对较少受到北方战乱的影响，有比较稳定的蚕桑发展环境；南临大海，有漫长的海岸线，出海进行蚕桑贸易十分便利；此外，广东省内河网密布，以西江、北江、东江为主流的珠江水系贯穿全省并与邻省沟通，内河航运与水陆联运十分顺畅，为蚕桑生产和贸易奠定了良好基础。

广东属热带、亚热带气候，日照充足、气候温和、雨量充沛、夏长冬短、无霜期长，有利于桑树的高产。桑树是深根性植物，根系强大发达，在温度高、湿气重的条件下，增产能力得到充分发挥。广东的桑树品种具有发芽时间早、生长速度快、再生能力强、一年可多次采伐的特性。而广东的家蚕是二化性或多化性品种，具有"发育快，孵化与眠起齐一，食桑快，食欲旺盛，体质健强，抵抗高温多湿能力强，上蔟容易处理，茧稍小且薄，解舒率较高等特点"（全国蚕业区划研究协作组，1988）。因此，从2月开始直至11月结束，均可采叶养蚕，一年内可连续养蚕7~8造，形成了广东一年多次采桑养蚕的一整套技术体系。

二、明清广东蚕俗

广义的蚕俗，是在植桑、养蚕、缫丝、织绸等生产过程中产生的各项风俗习惯，包括桑、蚕、丝、织、贸各个环节中形成的物质生产习俗、信仰习俗、口头文学、民间艺术和竞技活动等内容。本文关注的狭义蚕俗即明清的蚕业习俗。明清以来，广东的蚕农们依据当地独特的生态环境传承着大量习俗文化，包括信仰民俗、祛祟禳灾与禁忌习俗、阴阳五行观念、蚕俗谚语等，蚕桑生产技术与蚕桑习俗交织在民众的劳作和生活中。

（一）信仰习俗

古时岭南是官员流寓和为躲避祸乱而迁入的重地，大量的南迁人口带来了岭北先进的蚕桑技术及桑蚕信仰，并与当地土著逐渐融合，形成了独具特色的岭南蚕俗。蚕桑在清代广东珠江三角洲地区占据重要的地位，蚕神自然也就受到很多祭拜，明清时期广东的蚕神主要有马头娘、蚕姑、先蚕（或嫘祖）等。

乡村养蚕户在蚕忙时必祭拜蚕神马头娘，"蚕驹者，蚕与马同神，本龙精而首类马，故曰蚕驹"（屈大均，1985）。竹枝词中有很多关于祭拜蚕神马头娘的记载，如清代樊封的《紫姑井》："侬家旧住水云乡，占雨占风不怕忙。谁谓娉婷花解语？都缘虔祀马头娘。"（钟山等，2010）清代潘有原的《河南杂诗》："二月家家人采桑，养蚕蚕熟茧投筐。争焙新丝趁圩卖，赚钱归祭马头娘。"（钟山等，2010）清代梅璇枢的《龙山竹枝词》："苫帷竹箔架中央，杉屋明灯是暖房。蚕造今年丝价好，枣糕频祭马头娘。"（钟山等，2010）清代谭莹《采桑词》："花径谁逢点屐回，马头娘拜角门来。提笼采叶年年惯，翻避闲人戴月来。"（钟山等，2010）可见这一习俗普遍存在。

祭拜形式有一家单独祭拜，也有整个村落或是家族大户举行隆重的祭拜仪式，有时甚至请专门的神祭人员参与。在清代蚕书《蚕桑会粹》中收录了《祭马头娘迎神送神曲》："铺荸坛，列华诞，庙门击鼓声渊渊，旌旗杂管弦，红男绿女邀神眷，灵之来兮乘风便，有辉兮兰烛香，有馨兮椒浆荐，村巫祷祝舞且歌，喁喁告语醉颜酡，降康兮东风扇，我宜蚕兮茧丝多。"（廖为桂、广大生，1896）清代谭宗浚《羊城新正乐府·送蚕姑》："拂莞席，陈兰汤，家家户户迎蚕娘。清水一盂香一炷，迎得娘来愿娘住。朝朝合掌来娘前，但愿丰熟如去年。尔来粤地何萧索，市舶尽从吴楚泊。幸赖蚕桑尚富饶，不教墟镇全零落。果然蚕造真倍收，全家温饱何复求。岁晚鱼龙陈百戏，共喜蚕娘今日醉。"（谭宗浚，2010）生动再现了这一乡间祭俗热闹纷杂的场景。此外民间还有演戏酬神和请蚕神游街的习俗："从蚕神庙里请出蚕娘，然后游街，各家焚香迎神，礼毕还要演戏酬神，摆宴吃喝。旧时代顺德也有请蚕神游街的习俗，对蚕神的奉祀也有时间规定，农历正月初八拜蚕大姑，二月十五拜蚕二姑，三月十八拜蚕三姑。"（吴建新，2011）

顺德、南海一带祭拜的蚕神有先蚕、蚕姑，也有称为蚕姑神的，独立的蚕姑庙很少，很多都是与其他神灵并祀。佛山市南海区九江镇龙涌的民众在华先师庙祭拜蚕神，"华先师庙，在九江北方龙涌市，祀汉征士华佗。乾隆间建，嘉庆己未重修，道光辛巳毁于司祝不谨，旋即见复。庙以内并祀慈悲大士先蚕西陵氏及土地之神……"（张凤锴，2003）建于清代光绪二十年的佛山市顺德区龙江镇南坊村的财神庙，由蚕姑庙和都天府两部分构成，都有独立的庙宇，左侧为蚕姑庙，右侧为都天府，分别供奉着西山圣母（凌、马、邓）、蚕姑娘神位和都天致富财帛星君侯神位。我国南北方都有供奉三位姑娘为蚕姑神的信仰习俗："从前……有三个异姓姐妹，分别姓姜、席、徐。三位姑娘勤劳、善良，以养蚕为业。由于她们的勤劳，积攒了很多钱。她们用这些钱救济平民百姓，所以很受人们的尊敬和爱戴。三位姑娘死后，成了神姑。"（刘金柱，1998）顺德区龙江镇南坑村的蚕神供奉在观音堂里，也是供奉着凌、马、邓三位蚕姑神，庙里还有其他神祇。

有些甚至直接将蚕神称为圣母，清代刘东序《圃水竹枝词》："闲闲十亩半耕桑，圣母先农奉若狂。四月新丝五月谷，一丝一粟好商量。"（钟山等，2010）也有在祭拜蚕姑的牌位上冠以"大圣"或者"圣母"的尊称，顺德区沙田回龙社供奉蚕神的牌位是：西山大圣蚕姑娘娘；右侧是：田蚕旺相；左侧是：十足收成。明清时期广东供奉的蚕神也有对当地蚕桑生产做出过很大贡献的民间人士，《广州府志》中有转引《南海县续志》的记载："邓宪忠，南海沙头人，游肇庆至鹿步墟，地宜蚕桑而土人未尝业此。宪携种往，教之治具，于是植桑、饲蚕、缫丝渐广其传，而蚕桑之利兴，家祀宪忠以为蚕神。"（张凤锴，2003）

粤人崇奉的诸神非常复杂，"《民俗》周刊所列出的广州人家的神，就有40多位，金花庙所供奉的尊神达98位，东莞城隍庙所录出的神名亦有65位"（叶春生，2006）。庞大的民间神系构筑了岭南民众繁杂的信仰世界，蚕神跻身其中，留下了明清时代广东蚕业蓬勃发展的历史痕迹。以马头娘、先蚕（或嫘祖）为蚕神源于古老的生灵崇拜；也有蚕神是民众塑造出来的，例如，蚕姑神是民间传说中凌、马、邓三位育蚕能手，南海县供奉的邓宪忠是一位真实的历史人物，因精通蚕技而被奉为蚕神，这与我国其他地方的民间信仰一致。"民众通常把历史上或传说中对当地农耕丰产起过救助作用的官吏或平民，供奉敬拜为神……这些朴素的民间信仰活动，其根基都建筑在农耕作物生态民俗链上，又在百姓中得到认同才被传承下来。这些民间小神，不论有姓无名还是无名无姓，都不关紧要，最重要的是他们都在当地农业生态民俗文化中扮演了有特殊贡献的角色。"（乌丙安，2001）

（二）祛祟禳灾与禁忌习俗

养蚕是十分细致的生产活动，稍有不慎就会使收成大受影响。湖州民间俗称蚕作忧虫，因为在蚕的生长过程中，蚕农须时刻防其疾病，受一分病则歉收一分。因此养蚕户在养蚕过程中格外小心，除了祭祀蚕神，希望求得蚕神的庇佑获得好收成，又认为在蚕的生长过程中总会有凶神恶煞作祟，因此还会仰仗巫术、辟邪物或通过一些神秘的动作，防备和驱赶不利于养蚕的"祟"和"灾"，是为蚕桑生产中祛祟、禳灾的起因。"凡遇新产与及新丧之喜庆污秽，若不用姜而解，则必于蚕有碍，如果卖桑者遇此秽气，交桑时，须将生姜几两，放于桑面送交，收桑者一见该姜，则必将以放于蚕姑神前，及放蚕架，有此其秽则可解矣。"（赖新依，1911）"一般蚕农在农历每月的初一、十五奉祀蚕姑，还供奉一种称为'炸软蛋'的食品，其制法是将番薯煮熟、锤烂，加上糯米粉，捏成汤圆大小，用油炸过，奉祀完蚕姑就可以吃。在桑基上的蚕房中，蚕农多用米粉捏成小的蚕茧，供奉在蚕房中，每蚕造必拜。可能这样的仪式，方便施巫术以达到避除秽气的目的。"（吴建新，2011）

　　除了祛祟禳灾，蚕农还需恪守诸多禁忌。岭北的蚕桑禁忌很多，主要包括蚕神崇拜禁忌、生产技术禁忌、祛祟禳灾禁忌、语言禁忌等。相较而言，明清时期广东的蚕桑禁忌没那么烦琐细碎，如"蚕忌食湿桑故桑之收藏必置干爽之区均铺地面，勿使露风上。"（张凤锴，2003）"上箔之时，最忌污秽如新丧及孕妇人看过，竟有将成茧而走出外者，各造皆然，非独头造忌也。"（陈启沅，1897）"蚕之上箔，亦忌秽气，倘遇外来之新产新丧及孕妇看过，该蚕则每跃出沟外，而不结茧，宜用姜糖以解其秽。"（赖新依，1911）"至于火药、串炮、煎炒及生秽、死秽等气悉宜禁忌。"（廖为桂、广大生，1896）日常生活中的种种禁忌最大限度地保障了干爽清新、整洁安静的育蚕环境。

（三）阴阳、五行观念

　　阴阳说认为宇宙中的一切事物发展、变化的根源都在于其内部阴阳矛盾的对立统一。《岭南蚕桑要则》多次强调阴阳平衡对蚕生长的重要性。"蚕因禀受天驷而生，如果天气不通，其地气则碱，该蚕即不成瘴，亦多黑头之病，再就阴阳而论，凡除寒天用火之外，皆以上架通气之阳而不光与阴而不暗者为佳。"（赖新依，1911）"先之将蚕派于箔面者，是因蚕所结茧，悉皆背疏面密，每每背则公多，面则母众，阴喜阳位，阳喜阴位，与夫公疏母密之阳一阴二所自然而然之理也。"（赖新依，1911）"凡见该证，不宜声张，但用手指，按该僵蚕落于屎底，佯为不知，则可得免传染之害，盖此多由蚕房闭塞天气，不能化其地下阴风之毒，因而酿成蚕瘴所致，蚕房凡见出过僵蚕之后，则宜开通悬扇，使其多纳阳气以消阴湿。"（赖新依，1911）

　　五行指的是"金、木、水、火、土"五元素，遵循相生（木生火、火生土、土生金、金生水、水生木）相克（木克土、土克水、水克火、火克金、金克木）的原理。蚕农在养蚕过程中依照相生相克法则总结出诸多要领："蚕，阳物，属火恶水，故食而不饮。"（廖为桂、广大生，1896）"若论桑之行列，则又宜通东西而忌南北，盖因桑应箕宿，蚕属房驷，两者皆贵东方生焉，是以宜乎疏通东西，此即顺物之宜而使之茂盛也。"（赖新侬，1911）"盖蚕属龙精马气之物，龙性图喜通天，而马属午火，火气则必上腾，故凡蚕房气不通天者，则有韫气伤蚕之弊。"（赖新侬，1911）"立冬之后，因属水令，地面气寒无火，惊蛰前又因桑叶幼嫩，则木气微薄，蚕属午火，仗木所生，既忌水尅，亦忌寒泄，时要含气用火者，一则驾驭寒水之尅制，二则补助木气之微薄。"（赖新侬，1911）"蚕属龙精马气，故凡出蚕熟皆于辰午两时居多。"（赖新侬，1911）"蚕本龙精马气，龙属辰土，马属午火，火忌风飘，尤忌水尅，气熟则必生风而煽火，气寒固水，味碱亦然水泛则土无楗，土虽治湿，故反恶湿，所以凡有风水寒热碱湿六气，皆属蚕所最忌者也。"（赖新侬，1911）"蚕属午火，无论冨口、花熟、大熟、结茧时，亦皆最忌水气所尅。"（赖新侬，1911）

（四）蚕俗谚语

顺德、南海是明清广东最重要的蚕桑基地，蚕桑生产最为发达，也流传着众多养蚕俗谚。顺德蚕谚主要有："种橙执金，种桑执银；种桑养蚕，银纸成篓；家种一亩桑，油盐唔使慌；种上一亩桑，可免一家慌；冬种桑，明年桑叶旺；清明需用晴，桑树挂银瓶；春蚕不吃小满叶，夏蚕不吃小暑叶；小蚕吃薄叶，大蚕吃厚叶；有蚕无蚕，要看八月初二三。"（中国民间文学集成全国编辑委员会、中国民间文学集成广东卷编辑委员会，1997）南海蚕谚主要有："墙边地边好种桑，门前屋后好种麻；门前栽柳，屋后种桑；蚕丝茂盛，十足收成；养蚕无巧，食少便老；蚕要朝朝处沙，地要天天扫洒。"（中国民间文学集成全国编辑委员会、中国民间文学集成广东卷编辑委员会，1997）兴宁蚕谚有："三月三日晴，桑树挂银瓶；三月三日雨，桑叶无人取。"（中国民间文学集成全国编辑委员会、中国民间文学集成广东卷编辑委员会，1997）鹤山蚕谚有："蚕无夜桑不饱，马无夜草不肥。"（中国民间文学集成全国编辑委员会、中国民间文学集成广东卷编辑委员会，1997）广东其他地区蚕谚还有："莳田看秧，养蚕看桑"

"桑树出年能养蚕，枣树栽上就卖钱。"（中国民间文学集成全国编辑委员会、中国民间文学集成广东卷编辑委员会，1997）"种竹十年利，种桑当年钱""种竹养鱼千倍利，栽桑养蚕当年益。"（中国民间文学集成全国编辑委员会、中国民间文学集成广东卷编辑委员会，1997）除了《中国谚语集成（广东卷）》中的收录，其他著述也收录了广东桑蚕的谚语和俗语，如"三月三日下，桑叶贱无价""腊月栽桑桑不知""桑树开花，农家上紫"（广东省地理学会科普组，1983），"蚕壮、鱼肥、桑茂盛；塘肥、桑旺、茧结实"（李奕仁，2013）。吴建新在《南国丝都：顺德蚕桑丝绸业的历史与文化》中记载顺德区龙江镇南坑村的蚕神庙牌位旁边的对联是"起眠逢日午，成熟遇天晴"。起眠是指蚕儿生长过程的生理变化，蚕农要根据这个变化掌握下桑叶的量，而蚕的起眠时间正是中午，下桑叶的量就好掌握了。"成熟"是指蚕儿结茧的天气，如果是潮湿天气，蚕儿吐的丝不能快干，丝的质量就很差，这时就要加炭火；如果天晴，加的炭火不用多，或者不必加炭火，丝的质量就好上加好，所以蚕农祈望天晴。明清广东蚕俗谚语是蚕农对养蚕技术的总结，以口耳相传的方式流传，传承了古代劳动人民在桑蚕生产活动中的生产经验和集体智慧。

三、明清广东蚕俗中的生态民俗观

生态学是研究生物有机体与周围环境相互关系的科学（林育真，2004）。近代以来，由于人口、环境、资源三大社会问题的日益突出，各个学科领域都开始向生态学寻求解决问题的方法，生态学与动植物科学、农学、环境科学、经济学、城市规划等多个自然学科的结合日益紧密，并且也逐渐与人文学科结盟。民俗学致力于研究广大民众日常生产、生活的模式与习惯，以明清广东蚕俗为例，在现代科学技术体系尚未成型的传统社会，育蚕技艺较少以文字的形式获得机构推广，更多地表现为蚕农世代口耳相传的风俗习惯，因此在古蚕书和农书中不乏蚕俗的记录。这些信仰、禁忌和谣谚中蕴含着广大蚕农朴素的生态学意识，其生态民俗观包括以下三个特点：

第一，明清蚕俗顺应广东的生态环境、农业节令而生。以祭拜蚕神为例，岭南人家拜神有初一、十五进香祭拜的习惯，一年中总有一些特殊的日子要隆重地祭拜某神，如三月二十三为妈祖诞，六月二十四为雷祖诞，五月初八为龙母生辰诞，八月十五为龙母得道诞。拜蚕神不是在神诞日拜，而是顺应蚕业生产的节令，在蚕忙时、蚕造丰收后拜。如旧时顺德民众在农历正月初八拜蚕大姑，二月十五拜蚕二姑，三月十八拜蚕三姑，广东一年中的 2 月至 11 月均可养蚕，春茧可比江、浙、川、渝等省（市）蚕区早上市 1 个月，从正月以后的三个月正是桑树复苏、蚕种生发的季节，蚕农在当季一个延续性的时间段奉祀蚕神，祈求一年的蚕业劳动顺利，这种信仰习俗与植桑育蚕的节令相匹配。另外，祭词中常出现"风、雨、月、星"等天象词，饲蚕时蚕农希望"起眠逢日午，成熟遇天晴"，都表明如果蚕的生长与天象气候完美匹配，将带来最好的收成。我们从无限广阔深厚的自然生态背景中审视这些民俗事项的本质及其产生根源，会发现蚕业民俗与生态环境水乳交融的共生关系。

第二，蚕农不是简单地顺应生态环境，而是创造性地利用各种生态资源获得蚕业收益。

在养蚕的祛祟禳灾和诸多禁忌习俗中，忌火药、串炮、煎炒的目的是维护蚕生长环境的空气清新和周围安静，忌新产新丧新孕的目的是最大限度隔绝外人对蚕室的打扰。因为蚕在生长期里，怕风、怕冷、怕光、怕声、怕各种不良气味，这些都会影响蚕的生长，而生人出入蚕室，容易带入病菌，引起蚕疫。所以众多祛祟禳灾和禁忌习俗的目的是为蚕的生长提供最佳的成长环境。

阴阳五行是中国古代哲学思想，所反映的相生、相克、融合等原则，是宇宙万物中的一种普遍联系、相互制约的平衡原理，中国传统农学深受其影响。蚕农根据阴阳调和、五行相生相克等原则来制定植桑养蚕过程中所要遵循的准则，认为蚕本龙精马气，龙属辰土，马属午火，火忌风飙，尤忌水尅，这对蚕房提出非常高的要求。首先，蚕房的采光需阳而不光、阴而不暗；其次，蚕房要通天，如不通气，则有瘟气伤蚕，不能化其地下阴风之毒，如开通悬扇，使其多纳阳气才得以消阴湿；最后，风水寒热碱湿六气，皆属蚕所最忌者，蚕房的温度、湿度、酸碱度都需要一定的控制。在阴阳五行观念的指导下，蚕农提供出最适宜蚕生长的蚕房，保证蚕健康成长，以获得最大收益。这些蚕俗，既受到自然生态环境的影响和制约，也是人们创造性适应生态环境的结果。

第三，明清蚕俗不是零散的民俗事项，而是相互关联地建构蚕农的日常生活。

从已有的文献资料审视，蚕俗不仅表现为观念形态（蚕神信仰），也是一种行为模式（育蚕的方法与禁忌），还构成文艺和娱乐（蚕俗谣谚）。在明清蚕农的实际生活中，围绕育蚕生产所形成的蚕俗应该更加丰富。"在生存适应过程中，人们首先从所处的自然环境出发，创造出与生产、生活相关的经济民俗，结合经济民俗的实践，又逐渐形成了与之配套的社会民俗、信仰民俗及游艺民俗。无论经济民俗，还是由此衍生的社会民俗、信仰民俗及游艺民俗，都是人类面对生存环境作出的文化选择。"（江帆，2003）"各种民俗不仅相干相关，而且组成了完整的生活世界。"（高丙中，2010）富含生态因子的蚕俗构筑了蚕农的生活世界，进一步密切了民众与自然的关系，形成了可持续发展的"良性循环"。

四、结语

工业社会和电子信息时代把人类文明推进到狂飙突进的轨道，在这样的生产方式和技术背景下，人与自然的关系与传统农业时代的人与自然关系相比发生了质的变化。现代人淡忘了祖先"天人合一"的告诫，为了追求财富和竞争攀比，随处可见对自然资源的掠夺性开采和肆意消耗。短短几百年间，我们在享受丰富物质生活的同时也受到自然的警告和惩罚，水质变差，空气污染，土壤板结，农产品化学成分超标，各种新生疑难病症层出不穷……回到祖先生活的年代寻找传统生存智慧以铸未来发展之路，是当下社会的现代诉求。广东的自然地理环境和历史文化孕育了独特的明清广东蚕俗，看似神秘，实则蕴含着朴素的天人合一、物我相成的传统生态观念，在科学养蚕的今天，仍然值得我们高度重视。通过对明清广东蚕业习俗的梳理，蚕农与生态环境相辅相生的生产方式与生存策略得到了清晰呈现，这也正是现代社会所欠缺的，我们不仅需要在人与人之间建立平等的伦理关系，也需要在人与自然之间建立一种平等合理的伦理关系，积累、传承人与自然和谐演进的生态智慧。

参考文献

［1］班固．汉书·卷二十八下·地理志第八下［M］．颜师古，注．北京：中华书局，1962：1670.

［2］陈启沅．蚕桑谱（卷二）［M］．广州城十八甫奇和堂药局刻本，1897：7.

［3］戴肇辰，苏佩训，修，李光廷，史澄，纂．广州府志·卷一百六十三［M］//中国地方志集成·广东府县志辑．上海：上海书店出版社，2003：831.

［4］高丙中．中国人的生活世界：民俗学的路径［M］．北京：北京大学出版社，2010：103.

［5］江帆．生态民俗学［M］．哈尔滨：黑龙江人民出版社，2003：58.

［6］赖新侬．岭南蚕桑要则［M］．泷阳蚕桑义学刻本，1911：16，18，20－21，23，25，28，29，39.

［7］李奕仁．神州丝路行：中国蚕桑丝绸历史文化研究札记（下）［M］．上海：上海科学技术出版社，2013：583.

［8］廖为桂，广大生，辑，何品玉，汇印，何锌璋，续刊．蚕桑会粹·蚕桑格式·安蚕室［M］．光绪二十二年龙南刊本，1896：5，14.

［9］廖为桂，广大生，辑，何品玉，汇印，何锌璋，续刊．蚕桑会粹·课蚕要录·祭马头娘迎神送神曲［M］．光绪二十二年龙南刊本，1896：5，6，14.

［10］林育真．生态学［M］．北京：科学出版社，2004：2.

［11］刘金柱．蚕姑庙的传说［J］．北方蚕业，1998（1）：54.

［12］屈大均．广东新语·卷二十四·虫语·八蚕［M］．北京：中华书局，1985：587.

［13］谭宗浚．荔村草堂诗钞·卷一·入塾集［M］//《清代诗文集汇编》编纂委员会．清代诗文集汇编．上海：上海古籍出版社，2010：14.

［14］乌丙安．论生态民俗链：中国生态民俗学的构想［J］．江苏社会科学，2001（5）：103－107.

［15］吴建新．南国丝都：顺德蚕桑丝绸业的历史与文化［M］．北京：人民出版社，2011：157.

［16］徐光启．农政全书·卷三十五·蚕桑广类［M］．陈焕良，罗文

华，校注．长沙：岳麓书社，2002：565.

[17] 叶春生．广府民俗 [M]．广州：广东人民出版社，2006：237.

[18] 张凤锴，等修，桂坫，等纂．南海县志·卷六 [M] //中国地方志集成·广东府县志辑．上海：上海书店出版社，2003：153，185.

[19] 钟山，潘超，孙忠铨．广东竹枝词 [M]．广州：广东高等教育出版社，2010：27，198，209，235，341.

[20] 广东省地理学会科普组．广东农谚 [M]．广州：科学普及出版社广州分社，1983：107，110.

[21] 全国蚕业区划研究协作组．中国蚕业区划 [M]．成都：四川科学技术出版社，1988：180 – 181.

[22] 中国民间文学集成全国编辑委员会，中国民间文学集成广东卷编辑委员会．中国谚语集成（广东卷） [M]．北京：中国 ISBN 中心，1997：431，523，587，594，607，612.

广州满洲旗营中的民俗文化遗产

满族是广州五个世居少数民族之一，广州世居满族是清代乾隆年间从京津派驻到广州驻防的八旗官兵的后代。从 1756 年移民到广州至 1911 年辛亥革命旗营解散，他们一直生活在广州城里西边靠南的旗营中。清政府通过钱粮制度控制他们的经济命脉，又制定了诸多严格的行政管理措施。在这个封闭的世界里，他们的民俗生活主要沿袭了东北满人和北京满人的生活样态，受广州社会的影响比较有限。民俗文化是满族落广祖在移入地进行文化重建的重要资源。

关于驻粤八旗兵的来源，《广州驻防事宜》记载："自康熙二十一年削平三藩，于边腹要地特建亲军大营，广州始置将军左右副都统。前后调京旗八旗汉军官兵三千携眷驻防，此粤东有旗兵之始。乾隆二十一年奉旨裁减汉军官兵之半续派满洲官兵一千五百，遂满汉合驻焉"（庆保，2003）。而京津两地的八旗兵是 1644 年顺治皇帝入主中原时，从东北跟随他落户京津的。如果按照生活区域的变更，可以将落广祖的移民划分成三个阶段：东北生活阶段、京津生活阶段、广州生活阶段。

清政府规定将广州城西边靠南的区域划为八旗兵驻地。从移民广州到辛亥革命前，满人官兵一直生活在这个封闭的区域。清政府通过钱粮制度控制他们的经济命脉，也制定了骑射为本、不准学习技术、不准从事农业手工生产、不准经商、不准离城、不准对外通婚等多项政治专制措施。在这样的情况下，八旗民众无法融入广州文化环境，在相当长一段时间里处于与世隔绝的状态。他们民俗生活的改变是被动的也是缓慢的，传承大于变异。

一、尚武之风

满族民众中存续的民俗最具有代表性的是"尚武"风尚。满族是一个以武功定天下的民族，从清太祖努尔哈赤征服海西女真、东海女真各部，统一女真开始；到清太宗皇太极割据东北，向东控制朝鲜、向西震慑蒙古，并数度侵扰明朝腹地——山东、河北等地；后来多尔衮破山海关，直入北京；直至清初的几位帝王无不是以武力平定疆土，保卫全国政局的稳定。尽管从十五世纪中叶南迁开始，女真人的汉化越来越剧烈，但是满族统治者一直强调保持骁勇善战的民族传统，皇太极坚持国语骑射的目的是培育发扬奋图法祖、开拓进取的民族品格，要求后世子孙遵守，毋变弃祖宗之制。康熙针对八旗骑射松弛、战斗力下降的现实，于康熙二十年建木兰围场，每年派骑兵12000人分三班赴口外行围，以野兽为假想敌进行军事训练，规定各部院官员必须参加以娴习骑射，八旗贵族子弟往往担任最危险、最艰苦的工作；乾隆于乾隆六年恢复了中断19年的木兰秋猎，之后基本年年行围，不仅八旗王公、军兵、院部大臣参加，各省驻防八旗也分三班派代表参加，驻防各省八旗也要围猎习武、校阅。

抵达广州后，八旗官兵仍然将骑射操演作为头等大事。他们开辟了多处操演场所，康熙二十二年在大东门外设东校场，康熙二十九年在小北门外设北校场，又在距东门外十里之燕塘设立演校之地，"每年十一月初一至三十日率领八旗官兵安设营盘驻扎操演大炮一月，至乾隆二十七年改为操演半月"（长善，1990）。

《驻粤八旗志》中记载了满汉八旗和水师的操演阵势图，有大操18幅、绥疆新阵10幅、操演战船阵式10幅、外海水操阵6幅、威捷选锋队13幅，勾画出当时满洲兵丁以操演为本务的生活现实。满洲子弟十几岁就到弓房（教授武术的地方）练习武术，学习拉弓、射箭、跑马、举石砧、练双抛（石担）、耍大刀及操练长矛等武功。解放初期整理的八旗兵营中广泛流传的吹奏乐《走阵》，是当年八旗兵丁操演时演奏的军乐曲，内容分为开门、列队、走阵、归拢、收操五段，民间很多人对其耳熟能详，是旗营时期一种重要的象征和历史记忆；满族传统武术"耍大刀"也被满族民众喜好，正红旗后人唐志宁曾回忆提供一套《春秋大刀刀谱》，共有二

十八个动作，在旗营之中流传极广。（广州市越秀区满族志编写组，1994）

服饰上的衣袍开衩、窄袖、马褂、马蹄袖以及剃发为辫的发式等特点都是为了骑射方便；其他如婚俗中聘礼重鞍马、迎娶新娘须射箭，育儿习俗中生育男儿于门梁上悬挂小弓、小箭，娱乐习俗中喜赛骑、较射等，都说明广州满族民众的生活中保存了尚武之风。

二、婚俗

广州满洲兵营中保存了比较完整的满族婚俗。

明初的建州女真尚处于从奴隶社会到封建社会的转型期，他们保存了古朴的民族婚俗，例如盛行指腹婚、有"转房"之俗，"父死则妻其母，兄死则妻其嫂，叔伯死则侄亦如之"（王宏刚、富育光，1991），男女自由恋爱等，婚礼中少有烦琐的礼节。清军入关后，这些原始婚俗很快消失或者变异。基于统治者统治和进一步扩大疆土的需要以及满汉杂居的实际情况，国家权力采取了一系列加速汉化的措施，在汉族封建文化的影响下，形成了以民族融合为特色的新的满族婚俗。北京世居满族老人对旗营中的满族婚俗做了如下描述：

北京八旗兵营中满人的婚姻几乎没有自由恋爱的色彩，与汉族一样需经过"父母之命，媒妁之言"，但与汉族不同的是，所谓"媒妁"只是男女两家的亲戚故旧，爱亲作亲，绝不是专任媒婆才能说亲。"媒妁"说得男女两家都有一二分同意，然后过"门户帖"。帖上载明家长姓名、官阶、所属旗分、新郎职业等简略履历。女家打听合适，便通知媒人相看，只凭两家尊亲至近亲友相看，绝没有对相对看、互通款曲的。相看合意后，互换"年庚小帖"，各自到合婚处合婚。即便是"下等五鬼婚"，只要不妨不克就可以作亲。合成婚后便是"文定"，即"放小定"。文定以后，男家预备婚娶，女家预备嫁衣，但由文定到婚期，须有相当时日。

临嫁前一月内要行"奠雁"礼，即所谓"通信放大定"。在通信以前，男家索要新娘衣服尺寸单和"小日子"，以便择嫁娶日子时好规避。奠雁礼成以后，静待吉期。有钱人家预备妆奁嫁妆要够"抬"，（16～120抬不等，32抬为半份，64抬为全份），抬多在吉期前一天送往男家，抬少可以当日送去。吉期所用的大轿执事，除必须一红两绿三乘轿外，喜轿不用花轿而用红呢官轿，或满顶银球的"星星冠轿"。执事用"锣七对"或"锣九对"，带弯钩喇叭，又分全份执事与半份执事两种。满人执事用牛角灯，以示最早是夜里迎娶的。

嫁娶之日，新郎到女家"谢亲"。花轿出门以后，即由大媒陪同新郎入内向岳父岳母叩头，即古礼的亲迎之意。男家临发轿之前，先用小儿在喜房里打锣"压炕"，随着鼓手"响房"，响房后点"长命灯""铺床"，命小儿拿"盖头"，命人送"离娘饭"，然后娶亲太太辞行，官客乘车，鼓乐喧天，直奔女家。新娘由齐全不忌人上盖头，穿上轿袄，由娘家父兄抱入轿内。花轿离门，娶亲太太告辞，随将桌上预设的"子孙筷""子孙碗"单窃筷入袖内，象征着"窃去子孙"。娶亲太太走后，娶亲官客的席上由茶房"上汤"，表示娶亲仪式告终。

新娘子上轿以后，送亲男女随轿同行，新人的"宝轿"打杆后，送亲太太先下轿进入洞房外间暂坐，宝轿经过炭盆"熏煞"后，扶在洞房门口，便等解轿帘新娘下轿。满俗新娘上轿时，除了娶亲太太梳双抓髻、穿上轿袄、搭盖头以外，还要在胸前戴一面挂镜，镜心向外，镜背贴身。在新娘没有下轿之前，雕鞍弓箭都要供在桌上。开启轿帘，将雕鞍放在轿前，预备新娘迈过，表示步步平安。随着新郎向轿帘放箭三支，名为"射煞"，也有下轿后向新娘射的。轿帘开启后，即由洞房内妙龄少妇指蘸胭脂粉，抹在新娘两腮，一面红，一面白，名为"填脂粉"。随着新娘下轿，八旗满洲固山婚俗则递"宝瓶"，蒙古固山则递柴一束，各令新娘抱持。宝瓶也是家伙铺预备，内装金银米（黄米、白米）、金银如意，上盖红绸，系五色丝线。婚礼三天后才能倒宝瓶，仪式是新夫妇坐在炕上，由家人倒于兜中，以得金银如意者为有财气。新娘怀抱宝瓶，迈过雕鞍，足踏红毡，到天地桌前同参天地，大多数是男左女右。拜完天地，上炕抓盖头，吃子孙饽饽，喝交杯盏，是为"合"。坐帐后先"拆抓髻""开脸"，然后梳头。新娘修饰已毕，便"摆团饭"。团饭过后就等下地了。

旧日婚礼，吃酒的不来新娘便不能下地，所以以前两日酒，新娘两日一夜才能下地。下地以后先拜佛，再拜祖，然后拜见翁姑家人、宗族戚友。新夫妇见礼要双叩首，所以名为"受双礼"。晚饭后，新娘要在翁姑前伺候烟茶。五更即起，新娘母家来人接回门，多半是新娘的母亲。接回门的任务，第一要陪新娘的婆母到新房走一遭，以便呈验贞操证件，新娘开箱，以手帕、荷包零星小物分赠家人亲友，名曰"开箱礼"。新娘回到娘家，婚后第九日为单九，十八日为双九，女家有人来夫家看视，名"瞧九"。以后，"月住对月，三节接住娘家"（金受申，1989）。

广州世居满族的祖先从1644年入京到1756年驻粤，在京城生活了百年有余，在汉文化的影响下，旗营中满族兵丁的婚俗具有浓重的封建礼教色彩，形成了一套具有民族特点的繁文缛节。他们的婚俗既有从古老的东北女真婚俗中脱胎的痕迹，又在北京满人婚俗的基础上略有变异，从以下诸多细节的对照中可见端倪。

他们的婚姻由父母做主，有的在童年时期就订了婚。这种儿时作亲的习俗承接自东北祖先，金代和明代女真人"多指腹为婚，既长，虽贵贱殊隔，亦不可渝"，战乱年代，儿女的婚姻成为父母两家人拉近关系的手段之一。笔者在东北做田野调查时得知，目前七十岁以上的满族老人中，指腹婚和"娃娃亲"占有很大比例。"那时候还讲究'朱门对朱门，木门对木门'，我们小时候开玩笑说表兄妹是未来的夫妇，找自己家族的人。"[1]这种亲上作亲、熟人做媒，着重打探了解对方情况的风俗沿袭了传统旗人婚俗。

亲迎之前的准备简化为择日子和送日子两项，"用红柬写上时辰日子，由男家用礼盒送往女家，女家收下礼盒柬帖，压回芙蓉、扁柏、花生、石榴等。富裕些的官宦人家送日子的时候通常要送四坛酒、海味、干货、冬菇草菇、鲍鱼、一对大公鸡、一对母鸡。亲迎仪式要操办四天，第一天是落桌，第二天是嫁妆，第三天是筵席，第四天是梳头酒，晚上三更以后回门，天亮以后回家"[2]（关艳如等，1963）。福州旗营中的满族婚俗也要办四天不雷同的九碟（冷菜）八碗的酒席。第一天叫"落掉"，招待前来帮忙的至亲好友；第二天叫送和接"嫁妆"；第三天叫"筵席"；第四天叫"会亲"。可见这也是驻防八旗从移出地带出的风俗。

第一天进行婚礼的准备工作，第二天女家要将嫁妆搬到男家，然后，

---

① 访谈对象：GXX。访谈时间：2002年12月19日。访谈地点：广州市满族历史文化研究会。访谈人：关溪莹。

② 以下广州世居满族婚俗由关艳如、关漱玉、李慧德三位满族老人的口述记录整理，她们的口述记录被郎秀萍收录到《广州满族文史资料选辑》（第一辑）中，由广州市满族历史文化研究会于1963年编印。

"女家派两个男童到男家钉门帘，并说些'门帘高挂，五世其昌，白头到老，儿孙满堂'吉祥语。迎娶时，男家也要派两男童到女家'偷子孙筷'，取其子孙昌盛之意"（广州市越秀区满族志编写组，1994），这与北京旗人由娶亲太太取走女家子孙筷象征窃去子孙意义相同。亲迎的日子，男方备好花轿及仪仗队到女家迎娶，敲打乐器有大锣大钹，边行进边演奏，减去了京旗婚礼中的弯钩喇叭。

　　娶亲的队伍迎娶新娘要在晚上进行，"花轿起行时均在夜间，以子、丑、寅三个时辰为准则（即夜间十一时至凌晨五时）"，这与广州汉族人的婚俗截然不同。这一习俗源于东北特殊的地理气候环境和满族古老的氏族外婚制。完颜阿骨打建立大金国之前，女真人已通行氏族外婚制。在地广人稀的东北地区，不同部落之间往往路途遥远，为了能保证婚礼如期举行，接亲的队伍必须在夜里就出发，接亲后返回男方家。现在东北人的婚礼，虽然不用夜里去接亲，但是一大早新娘要离开娘家在另一个处所等待新郎来迎接她，相当于夜里动身赶到这里，民间称"打下处"，这是满族古老婚俗的保留。广州的世居满人因为聚居在旗营中，虽然不必到远方迎娶新娘，但是满人夜里亲迎的习俗被保留下来。闺女出嫁的打扮是"将头发梳成数股，缠以红头绳，盘在头上，名为'篰儿头'，身穿红色棉衣棉裤，脚穿红头绿尾中间绣花有尾抽的踩堂鞋，用花巾或红巾盖着头和脸"。这种发式又叫篰圈头，"把头发两边统统弄上来，在头顶分开，系成圆圈似的"①，是东北满人姑娘骑马时为了防止头发被颠散而设计出来的，虽然广州满人姑娘出嫁乘坐花轿，但可以想见他们的祖先都是骑马嫁到夫家的。广州满人嫁娶喜欢挑选秋天，可以避开酷暑，也不致寒冷，但是新娘需着红袄红裤，这是因为北方日夜温差大，无论夏天冬天，夜晚寒气都比较重，所以新娘红袄红裤的装扮流传了下来。踩堂鞋也是东北满俗中就有的，因为满人认为女儿不能穿娘家的鞋出嫁。还有新娘由父兄背上轿，花轿及仪仗队回男家途中，沿途燃放鞭炮，女家的亲属及亲友都扶着花轿送到男家，这些都是沿承京旗满人婚俗。

　　新人成婚的仪式中保留了大量民族传统习俗。"迎亲花轿回来，一直

---

　　① 访谈对象：GXX。访谈时间：2002 年 11 月 19 日。访谈地点：广州市满族历史文化研究会。访谈人：关溪莹。

把花轿抬入屋内，屋门口太小不能进花轿的，也要把花轿紧贴门口，以坐北向南的方向坐下，由娶亲太太和迎亲太太一左一右伺候在花轿旁，待花轿门打开时，即呼新娘伸出双手来接两位太太给她的'一包金'和'一包银'，然后才由两位太太扶她下花轿"（关艳如等，1963）。新娘持金银下轿的习俗与京旗满族新娘"抱宝瓶"习俗相似，象征着新人把财气带到婆家来。新娘进入新房之前还要"跨过马鞍，拜过米斗，由新郎向她虚射三箭"（关艳如等，1963）。东北满族新娘需踏马杌，即民间所称的"板凳"，象征新娘从马背上下来；新郎也真的搭弓射箭，谓之"驱煞神"，象征除去了新娘身上的晦气①；一对新人面北而拜，俗称"拜北斗"，这是满族北斗崇拜的遗留。到了京旗的婚礼中，板凳变成马鞍，"鞍"与"安"谐音，又有了祈求平安的文化意味，射箭变成虚射，拜北斗仪式被取消，受汉族文化的影响，满族婚礼中的原始文化元素减少了，广州满人继承了京旗的习惯，但是他们改"拜北斗"为"拜米斗"，体现出强烈的实用性目的。

新娘入新房后，"由新郎用木尺挑起盖头巾，并进行'金杯换玉盏'及'抢被窝挡'的仪式，最后是这对新婚夫妇共吃'子孙饽饽'"。在东北满族婚礼中这一项叫作"合卺"："祝吉之后，新人回到洞房，由全福人斟满两杯酒，新夫妇各饮一口，互换酒杯，再饮一口，即为'合卺礼'。接着吃子孙饽饽和长寿面，然后男女争坐被上，以为吉兆。"（王宏刚、富育光，1991）

在京旗的婚礼中也有"合卺"一项，到广州变化不大，合卺后这晚并不洞房，而且新娘要坐在婚床上不许下地，直到第二天吃婚酒的人陆续到来，这是东北满人婚俗中"坐福"的变异。新娘须盘腿坐在炕上，要等到新郎谢亲宴毕和自家的第三天筵席散后才可自由活动。满族先祖掳来的女子经常反抗和逃走，娶亲时要把她们捆绑起来置于帐内，久之形成"坐帐"习俗。后来新娘往往故意端坐床上，不让新郎入内，坐得越稳，显示姑娘的定力越强、品德越端正。

---

① 访谈对象：XYA，60 岁左右，本溪市南芬区思山岭乡石湖沟村人，曾经担任过乡经营管理站站长、副乡长，最后在南芬区林业局退休，20 世纪 80 年代曾经参与三套集成的收集整理工作。他祖籍山东，祖先于 100 多年前从山东移民到东北，从祖父一辈开始定居在石湖沟村，入了旗籍，他的外祖母是纯满族人。访谈时间：2009 年 1 月 21 日。访谈地点：本溪市南芬区思山岭乡石湖沟村 XYA 家中。访谈人：关溪莹。

第三天是筵席，新娘"穿凤冠霞帔，系着小铃铛，孩子们抢铃铛，拜天地，行结婚大礼。然后是认亲仪式，第四天夫妇俩回门。姑爷回娘家谢亲，小舅子帮忙，我们叫'按兄弟'，门房上要用红字定出结婚人的名字"[①]。至此，婚礼完成。

此外，广州满人婚礼中还有一些东北满族和京旗满族没有的习俗，如男家迎娶的仪仗队用"马锣马鼓"，敲打头锣时，每次要敲足十响，敲打的音律很像粤剧中《六国封相》的音乐；新人拜米斗和弓箭时，要指定专人把汾酒倒进燃烧着的炭炉中，使其产生熊熊烈火，取其兴盛之意，似乎暗含广东人推崇的"旺"气。这些体现了广州满人婚俗在继承民族传统的同时，不可避免地受到岭南民俗文化的影响，产生部分变异。

三、祭祀风俗

广州满人旗营中的民俗被保存下来的还有祭祀风俗。东北满人的传统祭祀与萨满信仰结合得非常紧密。比较完整的萨满祭祀可分为祭家神和放大神两部分，家神多指天神、农神、祖先神、部落守护神、佛陀妈妈等；放大神的神灵多指本氏族已故的萨满神；另外还有动物神，俗称野神（王宏刚、富育光，1991）。努尔哈赤统一满洲各部之前，满洲先民的萨满祭祀基本上都有这些内容。随着满洲的进步，放大神和祭野神习俗逐渐消亡。满人祭祀主要拜祭家神，而且在不同地区、不同支系和社会阶层之间存在显著差异。就民间的祭祀而言，大体由堂子祭、索木祭和换锁仪式组成，顺次进行，连祭三日，时间在腊月和某些特殊的日子，如婚娶、生子、丰收等喜庆之事，或因病许愿、还原及求祖先保佑安康等。

第一天祭祖，先在祖宗神位前摆上供品，穆昆达（族长）率领全族老幼，依辈分排列在神位前，萨满祝词，众人行叩头礼。接着是"领牲"，主祭人以酒浇猪耳，如猪大叫或晃耳朵就意味着祖先领了，为大吉大利。同时，萨满唱《领牲调》或《肉神调》。猪杀后，解开，放锅内煮熟，再按猪的原形摆好上供。接着萨满着神衣神帽，腰悬古镜、铜铃，手击皮

---

① 访谈对象：GXX。访谈时间：2002 年 11 月 19 日。访谈地点：广州市满族历史文化研究会。访谈人：关溪莹。

鼓，且歌且舞。最后众人行叩拜礼。

晚上是"背灯祭"，祭祀佛陀妈妈，传说她是明朝总兵李成梁的小妾，为救努尔哈赤的性命被打死，因此被满人祭祀。佛陀妈妈神位在西墙祖宗板北侧，神像（画像或木雕像）放在匣内，置于木板上。祭祀仪式与祭祖大致相同，祭祀时，萨满唱《背灯调》，祭祀毕，族人分食供肉。

第二天祭天，即祭"索伦杆"，又称之为"立杆大祭"。所祭神祇说法不一，或神鹊，或乌鸦，或天地，或兼而有之。仪式也大体与祭祖相同。祭祀时，念《察切布密歌》，歌词为满语。"领牲"时，将猪锁子骨套在索伦杆顶上，猪内脏放在锡斗里，让鸦、鹊来吃，称为"神享"，三天内吃完便为大吉大利。猪肉分"大肉""小肉"。小肉与米合煮，做成小肉饭，众人分食；大肉燎毛后煮熟上供，然后众人分享，俗称"吃燎毛肉"，族外人也可以吃。所有肉、饭三天内必须吃完，如剩下，须埋在索伦杆下。

第三天祭佛陀妈妈，即"背灯祭"之神祇，但祭祀的目的不同，前者属报恩，此则为求子孙兴旺、人口平安。所以又称佛陀妈妈为"子孙娘娘""锁头妈妈"。另外，前者有神像，此则有位无神，只有黄布口袋，俗称"妈妈口袋"，也叫"索子口袋"，里面放着"子孙绳"（或称"长命绳"），仪式亦同前，唯有领牲时在院内柳树下，祭后第二天，尚有挂锁、换锁之举。①

满族的祭祀充溢着浓重的原始色彩，与满族生息的自然生态环境和民族历史紧密相关。

北京八旗军家在新年祭祖。他们供祖有"板子"和"杆子"，板子是一块五尺长、一尺宽的木板，安放在西墙上，下面用斜鱼托住，上安小木匣两只来贮备祭器。板子下面墙上钉一个大钉子，上面挂一个黄布口袋，长三四尺，内贮礼节单及小儿所换项锁。虽然小木匣中的祭器是什么无从考证，但是从板子安装位置和诸多功能可以断定它是满族传统中的祖宗匣的变体。杆子是一根松柏，放在院子中的洁净之处，一丈上下，上尖下粗，下安圆形石座，离杆尖四分之一处环杆安一个锡制圆盘，形似极浅的圆刁斗。很明显，它与东北满洲的索伦杆极为相似。

---

① 以上关于东北满族民间祭祀的描述主要根据秋心. 满族传统风俗［J］. 满族研究，1987（2）：82-95；李林. 从家谱中探讨满族文化的发展：满族家谱研究之一［J］. 满族研究，1987（4）：68-73；荣桓山. 略谈满族民俗［J］. 满族研究，1988（1）：72-78 整理。

他们祭板子用"黄顶针饽饽"，祭杆子用"白顶针饽饽"，由家里的洁净女人制作，每碗九枚，每堂九碗，最下最大一个，有直径两寸，最上最小一个，只有顶针大小。除夕日，板子、杆子前各设供桌，在供品顶针饽饽之前设铜香盘，上面用香撒成长圆福寿字或"万字不到头"等花样，香系绿色粉质。供品除顶针饽饽之外，每日供茶，除夕夜加供"素馅煮饽饽"。除夕黄昏，上供叩首三跪九叩，辞岁叩首，初一早晚叩首，初二晨起叩首撤供。每叩首，就点蜡烛撒燃香。撤供后，院内祭杆子的白顶针饽饽不取入屋内，由水夫和粪夫享用（金受申，1989）。可见，北京满人的祭祀习俗比东北满人要烦琐得多。满汉风习融合后，诸多繁文缛节取代了东北满族祭礼中的原始古朴之风。

广州满人的祭祀与东北、北京两地的祭祀风俗差异比较明显。首先，除夕之夜广州满人在家里给祖先的画像或祖宗袋行礼，被称作"拜祖宗"，但是没有严格的仪式，他们认为真正的祭祀不在腊月或者春节，而是在每年清明节及重阳节前夕，各旗子孙分别集中于宗祠内进行祭祖，后来着重于春祭，即每年清明节前夕。清明祭祖是广州的习俗，广州人俗称"拜山"，清明扫墓的风气很盛，每到清明节必在家中祭祖，然后到祖先坟前祭拜，并且遵从一套比较严格的仪式。显然，广州满人受到这一风俗影响，遂将腊月祭祖改为清明祭祖。

其次，东北满人祭祖时，通常以同姓为一个家族，其界定依据是血缘关系。据世居东北的满族老人回忆，新中国成立前他的家乡辽宁省灯塔县石桥子村主要聚居着三大姓氏：老关家、老孟家和老张家，都是满族，分属不同旗，他家是镶蓝旗。祭祀时同姓的男丁都要参加，其他姓村民即使属于镶蓝旗也不能加入老关家的祭祖[①]；北京满族同样如此；而广州满人的祭祀以旗为单位，在各旗的宗祠中进行。（乾隆）《广州府志》记载，广州满人宗祠初设于康熙二十三年（1684），为正红旗人和顺所设。至乾嘉时期，各旗开始普建宗祠祭祀，宗祠最初设于各旗防区内，祠旁多有"和尚庙"，以为超度之备。

"春祭，又称'祭祖'，是广州满族一个较隆重而又有民族特色的集体

---

① 访谈对象：GZZ，满族，1923 年出生，祖籍吉林，出生于辽阳市灯塔县。访谈时间：2005 年 8 月 24 日。访谈地点：辽宁省本溪市 GZZ 老人家中。访谈人：关溪莹。

祭祀仪式。在清明节前夕，各旗均分别举行一年一度集体拜祭先人的仪式。是日入夜后，各姓子孙穿着节日服装，喜气洋洋地前往宗祠。"（汪宗猷，1990）

"祭祀仪式在深夜十二时开始，参加祭祀的男丁，按次序排列着，由祠长主持，领着众人进香叩头，辛亥革命后逐渐改为行鞠躬礼，以示慎终追远之意，然后放鞭炮。在祭祀开始之前，先聘请几名穿着袈裟的和尚登坛诵经，作祈福祝愿。在诵经过程中，还举行一套'耍大钹'节目助庆。然后在宗祠天阶，当着先人的牌位宰猪，将猪肉按男丁人口分发，称作'胙肉'，众人领取肉后才离开宗祠。"（汪宗猷，1990）

可见广州满人的祭祀仪式比京旗祭祀更简化，受到广州当地祭祀习俗的影响，但也留存一些萨满祭祀的痕迹。旗营解散后广州世居满族每年一度的春祭并没有立刻消亡，而是一直持续到"文革"之前。仪式中很多传统的因子披上了现代外衣，如叩头改为行鞠躬礼；传统祭祀中的核心人物萨满不复存在，"祠长"取而代之成为祭祀的组织者；但是他们似乎还记得祖先的祭祀中要举行法事，只好请来和尚诵经祈福，以此寄托对先人的祝福，寻找心理慰藉；至于"耍大钹"则纯粹是助兴节目，给原本庄严肃穆的气氛增添了轻松的色彩。

四、礼俗

满族虽然是源自关外的少数民族，但经过长期与汉族的交融，受儒家礼教的影响比较大，形成了种类繁多的礼节，在清代就有"八旗旧家，礼法最重"的说法，入关前保存着古朴的民风和鲜明的民族风格，有抱腰礼、顶头礼、擦肩礼、贴面礼、接吻礼、拉拉礼和抚鬓礼等。这些礼俗在北京逐渐简化，主要使用的如请安、打千和叩拜等（赵杰，1997）。

广东世居满族对礼节较为讲究，有的礼节沿袭传统，有的被简化，也有的产生了变异。通常使用的主要有如下几种：

叩头：这是晚辈对至亲长辈，如父母、老师等使用的礼节。春节前夕的辞岁、结婚时的认亲礼、开学时拜老师等使用它。叩头礼源于东北满族的"叩拜礼"，这是满族礼节中最大的一种，一般在初见长官、婚丧大礼、祝寿庆宴或受穆昆达指责时才用。此礼在金代时比较复杂：先摇动双臂，向前三步，掸袖时过肘左右三次。右膝着地，左膝弯曲，双手扶左膝，摇动三次再叩头（王宏刚、富育光，1991）。京旗中此礼已经从简，只是掸袖、跪、叩头而已，到广州满人中更简化为只叩头而已。

打千：即跪半膝，属于请安礼。是广州满人男子对长辈（除祖父母及父母外）所使用的礼节，下级对上级行礼也是使用"打千"的形式。东北满人礼节中的"打千儿"又叫"请大安"，"满语称'埃拉搭拉米'。其动作是：先掸箭袖，袖头伏下，左膝前屈，右腿后弯，头与上身稍为向前俯倾，左手贴身，右手下垂，介于作揖与下跪之间的动作。边动作边唱喏：'请某某大人安。''打千'是产生于辽金时代的古礼，是满洲男子下级对上级，或对尊者的一种礼节。如多日不见的平辈相见，也施此礼，不过受礼者应稍弯腰，两手略向前伸，掌心向上，稍低头，表示还礼"。在北京旗营中，打千为重礼，通常是下对上，男式为先哈腰，左腿前伸并弯曲，右腿撤后，左手扶膝，右手下垂，口中同时唱喏：请某某安。可见，从东北到北京旗营再到广州，这项礼仪没有大的变化。

鞑子礼：是广州满人妇女对长辈行扣鞑子头的专用礼节，俗称"道万福"。新媳妇到长房去拜祖宗袋时也用鞑子礼。这一礼节与东北满族妇女的"请小安"礼类似，双腿平行站立，两手扶膝一弓腰，膝略屈如半蹲状，俗称"半蹲儿"，与男子"打千儿"同礼。媳妇到公婆家后，早晚都要向老人请安。

作揖：即拱手礼，是广州满人平辈见面时互相使用的礼节，对亲朋送别时也有用这种礼节的，行作揖礼限于男性。这一礼节是汉族礼节，其功用相当于东北满人的"请小安礼"。请小安就是问安。东北满人"垂手站立，低头唱喏：'问某某好'或用满语致意：'赛音玛法'。平时，平辈相见，也常用此礼"（王宏刚、富育光，1991）。在北京旗营中，仍沿袭了满洲先人的请安礼作为十分重要的礼节："满族下辈对长辈，三日一请安，五日一打千儿。请安为普通礼，见熟人垂手站立，鞠躬唱喏：请某某安"（赵杰，1997）。广州满人的生活中男性的"请小安礼"已经不存在了，取而代之的是作揖礼。作揖礼被广州满人广泛使用，在满洲旗营中也出现作揖礼，这是满汉融合的产物。

其他的顶头礼、擦肩礼、贴面礼等经过八旗入关后的百余年文化融合，京旗民众已不再使用，广州满人中也没有这些礼节了。

五、服装与发式

起源于东北白山黑水间的满族，其传统服饰具有很强的渔猎民族特色，如女真人涂猪油于身以御寒，服装多以动物毛皮制成，设计上便于骑射等。满族入主中原后，制衣原料丰富了，工艺也更加讲究，在京城和东北满人中逐渐形成具有民族特色的服饰体系。旗营中的广州满人，在服饰上虽逐步起着变化，但在较长的时间里，仍保持着民族特色。

在满人的衣着中，旗袍非常有代表性。

"旗袍，满语称'衣介'，分为单、夹、皮、棉四种。这种'衣皆连裳'（古代，上为衣，下为裳）的服装同汉族的'上衣下裳'（被称为'两截穿衣'）是有明显区别的。旗袍的款式是：无领（后来习惯加一条假领）、窄袖（或箭袖）、左衽、四面或两面开裾，有扣绊、束带。其中的'箭袖'（满语'哇哈'）别具特色，是在窄袖口上接一个半圆形的袖头，形如马蹄，俗称'马蹄袖'，平时挽起，冬季打猎或作战时放下，覆盖手背以御寒，后来成为清朝礼节中的一个规定动作，在行礼时，先把袖头'弹'下来，称为'放哇哈'。妇女旗袍和男子相同，但很讲究装饰，领口、袖口、衣襟都绣上不同颜色的花边，有的多至十几道。"（秋心，1987）

驻防广州时，男装旗袍已经废弃，旗袍成为妇女的日常服饰。而且长度由下摆及小腿长至足面，由骑猎时代的宽腰身直筒式逐渐演变成紧身合体的曲线型、流线型款式，袖口也由箭袖变为阔袖口，领与袖均镶阔边，增加了美感。质料方面，富家用丝绸，贫家用布料。老年人或孀妇用素淡的颜色，少妇和闺女用鲜艳的颜色。旗袍由于美观、大方和实用，经过改良，成为全国各族妇女通用和喜爱的服装，一直流行至今天。广州满族妇女旗袍的变化与全国其他地区大致同步。

满人男装以马褂和坎肩为主。"马褂常与旗袍搭配，它的样式很像今天人们穿的对襟小棉袄。圆领，对襟，有开叉，有扣绊，身长齐脐，袖长及肘，四面开叉。因它身、袖较短，冬季可做成皮或棉的，套在长袍外面，便于骑马，故名'马褂'。"（王宏刚、富育光，1991）

《满族风俗志》记载，清初马褂流行于军旅，康雍以后民间开始盛行。

这一段正是广州世居满族先人滞留京津时期，可以想见他们是穿着马褂离开京城的。但是在广州旗营中没有关于马褂的衣着，大概由于天气炎热不易穿着。广州旗营中的男装分老年人与青少年的式样。老年人穿着长衫，冬季用棉布，夏季则用夏布。这种长衫应该是男式旗袍的变形。青少年亦以长衫为主，内穿对胸衫作衬衫，在长衫上套上一件"嵌心儿"，这种"嵌心儿"又叫坎肩、背心、马甲，是满洲传统服饰。

坎肩是吸收了汉族"半臂"（又名"蔽甲方"）的特点发展起来的。坎肩无袖，穿着方便，男女老少皆喜。因它常套在长袍外面穿，有明显的装饰作用，因此，在坎肩的用料和做工上，十分讲究，式样也多，常见的有对襟直翘、对襟圆翘、捻襟、琵琶襟、一字襟、人字襟、"巴图鲁"坎肩等。琵琶襟坎肩的大襟边不到腋下，而是从第二个纽扣的地方，直通摆下，但不到底，下襟缺一小截，别具风格。巴图鲁，满语意为"勇士"，是京师八旗中最时尚的一种款式，在"一字领"的前襟上，装有排扣，两边腋下也有纽扣，穿着便利，外形洒脱、勇武，而且当时八旗子弟常在它两边的裤裆处加上两只袖子，号为"鹰膀"，当八旗将士穿着这种带鹰膀的巴图鲁坎肩在马上疾驰时，这飘飞的肩膀好像要把英勇的骑士带到空中。广州满人服饰中的坎肩没有这么复杂的装饰和多种象征意义，仅仅简化为民众日常服饰的一种。

广州满族少年和儿童喜欢穿"双凉鞋"。还有一种上衣是揸袖、密纽扣、对胸型，下衣是索带裤、束裤脚的"练武装"，便于射箭、骑马及练武。不论老幼都习惯穿白袜套。内衣是对胸白衬衫，有束裤腿的习惯，这是渔猎民族骑射之风的遗存。

广州旗营中妇女的头饰比较端庄，习惯梳"盘头"，戴"大耳圈"，头插"钿钗"等。这种盘头，妇人与闺女是有严格区分的，闺女梳的盘头是将头发由正中分两边拨开，称作"拨顶"，而妇人只将头发向后梳，不拨顶。满族妇女的发式变化比较多，幼年时期因习骑射，发式与男孩相同，到成年待嫁时开始留发，多数是绾成抓髻或梳成单辫。已婚女子的发式，多数绾髻，以"两把头"的样式为最多，"两把头"就是把头发束到头顶，分成两绺，在头顶上梳成一个横长式的发髻。梳这种发型的多数是满族上层妇女或青壮年妇女。满族老年妇女则把头发束到头顶，在头顶上梳髻（荣恒山，1988）。这些传统发式在广州满营中不再流行，取而代之的是汉族的盘于脑后的发式。但是广州旗营中的女人"梳头发后插钿钗，闺女的钿钗双口，妇女的钿钗单口。凡女性必穿两耳，均各戴三个大耳圈，在第二孔的耳圈吊耳坠。花款上，闺女与妇人也有区别：闺女吊的耳坠是千层花，妇人吊的耳坠是单层花"（汪宗猷，1994），这些仍然是满族的传统饰物。

六、结语

八旗子民移居广州不是自然移民的过程，实质上是清王朝在民族国家的建构过程中所采用的一项保疆绥远的政治举措，因此，满族"落广祖"的经历与其他族群自然移民广州的情况大不相同，他们与移入地之间的互动与文化体系的建构是被动承受、强制执行的。"满城"与其说是他们的生活世界，不如说是清朝政府的远疆军营。清政府严格设定了八旗民众的生活区域，制定了完备的行政指令规范移民的职责与生活，利用钱粮制度控制他们的经济命脉，形成了国家权力操控下的封闭文化体系。

费孝通先生指出：生活在一个共同社区之内的人，如果不和外界接触不会自觉地认同。民族是一个具有共同生活方式的人们共同体，必须和"非我族类"的外人接触才发生民族认同，也就是所谓民族意识。（费孝通，1989）满族落广祖作为民族传统文化的载体，从1756年到1911年的155年中，他们生活在封闭的旗营，其民俗生活主要沿袭了东北满人和北京满人的生活样态，受广州社会的影响比较有限。民俗文化是满族落广祖在移入地进行文化重建的重要资源。由于经济自给、政治操控和文化隔绝，他们的族群认同处于一种前激发状态。他们与移入地之间的互动与民俗文化体系的建构是被动承受、强制执行的过程，而不是移民有效发挥族群认同自主建构的过程。这决定了他们的生活世界中潜伏了不可避免的危机，随着清王朝的式微和八旗制度的解体，广州满人面临着重新构建民俗生活世界的严峻现实。

参考文献

[1] 长善. 驻粤八旗志卷一·官兵额设 [M] //马协弟. 清代八旗驻防志丛书. 沈阳：辽宁大学出版社，1990：45.

［2］长善．驻粤八旗志卷四·建置志［M］//马协弟．清代八旗驻防志丛书．沈阳：辽宁大学出版社，1990：121.

［3］费孝通，等．中华民族多元一体格局［M］．北京：中央民族学院出版社，1989：7.

［4］关艳如，关漱玉，李慧德，口述，郎秀萍，记录．广州满族的旧习记闻［M］//广州满族文史资料选辑（第一辑）．广州市满族历史文化研究会内部资料，1963：52.

［5］广州市越秀区满族志编写组．越秀区满族志［M］．越秀区地方志办公室内部资料，1994：117，133.

［6］金受申．老北京的生活［M］．北京：北京出版社，1989：86 -94，137 - 139.

［7］庆保．广州驻防事宜·序［M］//国家图书馆编．清代边疆史料抄稿本汇编·41．北京：线装书局，2003：2.

［8］秋心．满族传统风俗［J］．满族研究，1987（2）：82.

［9］荣恒山．略谈满族民俗［J］．满族研究，1988（1）：73.

［10］汪宗猷．广东满族志［M］．广州：广东人民出版社，1994：138 - 139.

［11］汪宗猷．广州满族简史［M］．广州：广东人民出版社，1990：162 - 163.

［12］王宏刚，富育光．满族风俗志［M］．北京：中央民族学院出版社，1991：7 - 8，122，131，160，172.

［13］赵杰．京味文化中的满族风俗［J］．北京社会科学，1997（1）：92 - 98.

民俗教化理念在现代教育中的价值与应用

　　民俗文化具有潜移默化的教化功能，不仅在历史上发挥了重要作用，而且在当前社会依然是国情、国学教育的重要内容，是素质教育领域不可忽视的阵地，可以作为现代学校教学的有益补充。

　　民俗文化是千百年来广大民众以口耳相传、行为示范和心理影响的方式扩布和传承的传统文化。它是人民知识的宝库、生活的教科书，是我们认识历史，研究科学的宝贵资料。它的根脉一直延伸到当今社会生活的各个领域，伴随着国家和民族民众生活继续发展变化。

　　教育功能是民俗文化的重要功能之一，民俗教化的历史可以上溯至人类的前文明时代。中华民族有五千年的文明史，但文字是大约三千年前才产生的，学校教育的开端还更晚些。在人类的文化还没有发展到学校教育之时，民众通过民俗文化来学习知识、规范思想、维护社会秩序。正如钟敬文先生所说："一则神话，可以坚固全团体的协同心；一首歌谣，能唤起大部分人的美感；一句谚语，能阻止许多成员的犯罪行为。"（钟敬文，1981）他们的教育机关是整个社会和许多家庭；他们的礼仪、习尚、禁忌、艺术都是他们具体的教义和教材。

　　现代文明社会，民俗文化仍然是教育的重要内容。我们需要传授给后人的不仅仅是史学典籍，还有几千年传承下来的广大民众的风俗习惯、信仰禁忌、生活情趣和文学创作。民俗文化的内容与形式是广大民众在生活中感悟、积累与创造出来的，经过千百年的重复与积淀形成了一套比较稳定的生活模式，是传统文化的重要组成部分；同时，民俗教化的特殊形式可以作为现代学校教学形式的有益补充，调动学生的学习热情，增强课堂教学效果。

　　民俗教化理念在提高整个民族的精神文化素质、培养国民的爱国情操、增强民族凝聚力方面发挥着重要作用。将在民间社会传承了几千年的民俗文化作为对人民进行爱国主义教育、增强民族凝聚力的重要手段，其目的是提高国民精神的、文化的素质，以帮助改善国情，促进民族自强。著名的民俗学家威廉·R.巴斯科姆曾说："作为一种教育形式的民俗在世界很多地区均可找到。"（威廉·R.巴斯科姆，1990）在芬兰、瑞典、丹麦、挪威等北欧诸国，民俗文化研究享有较高学术地位，而且得到政府的大力支持，在教育国民、争取独立的民族运动中起到非常关键的作用。日本的很多大学设有民俗学专业，各地建有比较完备的民俗档案馆、民俗博物馆、民俗村。青年人通过对风俗文化的了解，更加了解祖国的历史和民族的精神，自觉接受爱国主义教育。在我国20世纪的新文化运动中，改造国民性的形势之需和启蒙学者对民间文化的关注促成了以民间文化作为教育手段来改造国民精神世界。他们对传统社会中的"非正统"和"异端"进行研究，力图从民间文化中找到一条变革现实社会的出路。他们认识到：民俗文化是开启民智、提高全民族的文化素质的重要手段。

民俗教化理念对我们理解当前社会素质教育的性质、特征及制定推进策略极为有益。素质教育是20世纪80年代中期产生的与"应试教育"相对立的一个概念。它是以促进学生身心发展为目的，以提高国民的思想道德、科学文化、劳动技术、身心素质为宗旨的基础教育。这一理念的提出冲击了当代中国的教育模式，它使得教育的目的不限于传授知识，而扩充为人的素质的全面提高；教育的年限不限于学龄青少年，而延长至生命的整个流程；教育的场所不限于课堂，而转变为由社会、家庭和学校所组成的大文化环境。

从应试教育向素质教育的转变，决定了学校教育向社会教育的转型，民俗教化的功能得到进一步凸显。例如在对学生进行伦理道德教育时，我们可以将原来照本宣科的课堂讲授，扩充为为他们介绍衣食住行的礼仪。无论是餐桌上的待客习俗、传统的丧服制度还是各种民居类型，无一不凝聚着深厚的传统伦理内涵，体现并规范着民众生活的秩序。启发学生联系自身生活实际，帮助他们总结身边的风俗习惯中的行为、思想规则，他们会自然而然地认识到中华民族的传统美德是多么伟大，不仅在古代社会，对今天的现代社会也有非常大的模塑作用，从而发自内心地继承、发扬祖国的优秀伦理道德思想。因此，利用生活中无处不在的民俗文化因子作为教育手段来强化素质教育是一种行之有效的策略。

合理运用民俗教化理念来辅助课堂教学，可以调动学生的学习热情，增强课堂教学效果。现行的大、中、小学语文课本中都选录了一些民间文学作品，还有的课文中渗透着大量民俗文化内容。讲授这些民间文学作品时，如果仍然按照一般文学作品的特征、规律去介绍，往往流于简单化，不能揭示其中的真谛，因此要将民俗教化理念带入其中。在《大学语文》教学中，学生学习古代文学普遍感觉很吃力，难以理解距今千百年前的文学作品的内涵和思想。教师可以从民间文化的角度切入，通过一些古今相延的习俗帮助他们产生共鸣。如《诗经》中的《桃夭》篇，学生认为字句过于简单，反复吟唱感觉不到有什么美感。但从民俗文化的角度看，这是一首民间歌谣，是两千余年前的婚礼上，亲朋好友为新嫁娘唱的赞歌。当时的劳动人民几乎没有受教育的权利，他们靠口传心授演唱《桃夭》，所以字句不可能复杂；反复的吟唱表达了亲人对新婚少女的深厚情意和真诚祝福，也是为了教育所有的年轻人爱护家庭、珍惜婚姻。古今皆有的婚姻习俗可使青年学生自然而然地被《桃夭》感染，同时也受到民俗教化，培养了伦理认同。有的中学教师将课本中的教学难点、重点编成易学易记的顺口溜歌谣，如"开口己、半口己、埋口巳""点成，横戌，戊中空"等，既形象又生动，巧妙自然地达到了教学目的。这些独特的民俗教育手段如果能够在学校教育中得到重视与推广，一定会使课堂教学变得生动活泼，富有感性，激发学生的学习兴趣，达到更好的教学效果。

综上所述，我们可以归纳出民俗教化理念的三重内涵：第一，民俗文化是中国传统文化的重要组成部分，是国情、国学教育的重要内容；第二，民俗教化是一种社会教化，是当前我国素质教育领域不可忽视的阵地；第三，民俗教化的独特形式可以作为现代学校教学形式的有益补充，以期达到更好的教学效果。

参考文献

[1] 威廉·R. 巴斯科姆. 民俗的四种功能 [M] //阿兰·邓迪斯. 世界民俗学. 陈建宪，等译. 上海：上海文艺出版社，1990：412.

[2] 钟敬文. 民间文学和民众教育 [M] //民间文艺谈薮. 长沙：湖南人民出版社，1981：38.